나★도
솔직히
1등이
하고싶다

내 안의 1등 잠재력을 이끌어 낼
12가지 공부 법칙

나☆도
솔직히
1등이
하고싶다

김송은
에듀플렉스 교육개발연구소 외
지음

2
공부법 편

다산
에듀

두 눈을 가린 다섯 명의 아이들에게 코끼리를 만지게 한 후 그것이 어떻게 생겼는지 물었다. 아이들은 자신이 손으로 더듬었던 코끼리의 몸을 떠올리며 자신 있게 주장했다. "코끼리는 벽이야.""아니 밧줄 같아.""무슨 소리! 날카로운 창이지.""전혀 날카롭지 않던걸? 그건 부채처럼 넓었어.""아냐. 코끼리는 뱀의 일종이야."

왜 이런 일이 벌어진 것일까? 코끼리의 전체 모습을 본 적이 없기 때문이다. 학생들에게도 공부가 힘든 이유를 물으면 이처럼 다양한 대답이 나온다. 수학책만 보면 한숨부터 내쉬는 학생, 외우는 것을 죽도록 싫어하는 학생, 문제집을 많이 풀어도 점수가 안 나오는 학생, 평소에는 다 아는 것 같았는데 시험만 보면 폭삭 망하는 학생 등등….

이들에게 공부라는 이 거대한 코끼리는 쉽게 길들이기 어려운 동물이다. 난해하고 막막하다. 그러나 그 막막함이 어디에서 비롯된 것인지는 사람마다 다르다. 전체를 꿰뚫고 바라보지 않는다면, 공부는 만질 때마다 모습이 다른 거대한 코끼리와 다를 것이 없다. '공부'라는 이 힘겨운 존재가 어떤 것들로 이루어져 있는지 파악하고, 그 전체 속에서 내가 막혀 있는 부분이 어디인지 찾아내야 제대로 된 해결책을 찾을 수 있다. 조금 어려운 말이지만 이것을 공부에 대한 '구조적 접근'이라고 해 두자.

공부에 대한 구조적 접근을 하기 위해서는 우선 공부라는 행위가 어떤 '요소'들로 이루어져 있는지 알아야 한다. 좋은 성적은 이 요소들이 고르게 충족되어야 얻을 수 있기 때문이다. 이 요소들은 공부라는 코끼리의 전체적 모습을 망라하고 있고, 우리는 이 요소들을 통해 공부의 큰 밑그림을 그릴 수 있다.

이 책은 공부를 이루고 있는 중대한 요소에 대한 고찰을 통해 공부를 잘하기 위한 절대 원칙을 수립하고 있다. '공부 공식'은 공부를 잘하기 위해 집중해야 하는 이러한 원칙들을 말한다. 정체를 알 수 없는 존재는 두렵지만, 구조를 노출한 적은 만만한 법이다. 공부의 무게에 압도당한 채 대항하기를 포기한 많은 학생들이 부디 이 책을 통해 자신의 문제를 잘게 쪼개어 각각의 문제에 대한 개별적 해결책을 찾았으면 한다. 현장에서 다년간의 경험을 통해 기적과도 같은 변화를 일구어 낸 에듀플렉스의 핵심 인재들과 함께 이 책은 완성되었다. 안은현 팀장님, 오동숙 부원장님, 이철민 원장님, 최진아 부원장님께 각별한 감사를 드린다. 더불어 지금 이 순간에도 학생들의 1등 잠재력을 찾아 고군분투하시는 에듀플렉스의 모든 원장님, 매니저님들께도 감사와 존경을 드린다.

김송은

● '공부 공식'은 공부에 대한 구조적 접근을 통해, 문제를 전략적으로 분석하고, 집중된 방안을 제시하는 통찰력 있는 학습 도구다. 에듀플렉스 고승재 대표이사가 창안하였고, 에듀플렉스 교육개발연구소에서 구체화시켰다.

1등이 되기 위한 절대 원칙,
공부 공식

좋은 성적을 얻기 위해서는 공부를 이루고 있는 세부 요소들에 두루두루 유능한 학생이 되어야 한다. 이것이 공부를 잘하기 위한 절대 원칙, '공부 공식'이다.

성적 = 학습 시간 × 학습 전략 × 학습 방법 × 학습 평가

'*학습 시간*'은 과연 자신이 얼마나 공부에 투자하고 있는지에 대한 점검이다. 다양한 공부법이 넘쳐 나는 세상이지만, 누구도 반박할 수 없는 절대적 진리가 있다. 공부 잘하고 싶으면 일단 공부하라는 것이다. 누구도 공부를 하지 않고는 공부를 잘 할 수 없다. 공부는 거의 안 하면서 공부법 책만 하루 종일 읽는 것만큼 어리석은 노릇이 없다.

'*학습 전략*'은 공부를 무턱대고 하고 있지는 않은지에 대한 점검이다. 결국 최종 입시까지 모든 학생에게 주어진 시간이 똑같다고 했을 때, 승부는 누가 얼마나 효과적으로 공부했는지에서 갈린다. 같은 시간 동안 책상에 앉아 있다고 해도, 전략적으로 공부한 학생의 효율성은 마구잡이로 공부한 학생의 효과보다 몇 배나 높다. 전략이 빠진 공부는 전쟁터에서 적군을 겨냥하지 못한 채 아무렇게나 허공에 휘두르는 칼처럼 위험하고 공허하다.

'**학습 방법**'은 본격적이고 구체적인 공부 요령에 대한 점검이다. 요즘 학생들은 배워야 할 과목도 많고, 익혀야 할 내용도 많다. 누가 보아도 특징이 다른 각각의 과목은, 그것을 잘하기 위해 갖추어야 할 기초 역량도 다르고 실질적 공부 방법도 다르다. 모든 과목을 제대로 깊이 있게 이해하기 위해서는 과목별 공부법도 배워야 한다.

마지막으로 '**학습 평가**'는 자신이 한 공부에 대하여 스스로 평가할 수 있는 안목이 있는지에 대한 점검이다. 세상의 모든 개선은 고쳐야 할 것이 무엇인지를 깨우치는 데서 출발한다. 무엇이 잘못인지 판단할 수 없다면 어떤 발전도 불가능하다. 성공하는 사람은 같은 실수를 되풀이하지 않는다. 잘못을 개선하려면 이전에 내가 무엇을, 왜 놓쳤는지 정확하게 깨닫는 일이 우선되어야 한다.

이제부터 우리는 성공적인 공부를 위한 이 네 가지 요소를 종합적으로 살펴보고, 나에게 부족한 점이 무엇인지 정확히 가려내는 작업을 하려 한다. 의사의 처방이 즉효를 얻으려면 환자의 상태를 정확하게 진단하는 일이 반드시 필요하다. 사람의 몸에 대한 전문적이고 체계적인 이해가 없다면 진단이고 처방이고 다 불가능하다. 공부 공식은 공부에 대한 종합적인 안목을 갖추게 하여, 나에게 딱 맞는 공부법을 찾아가는 길에 중요한 나침반이 되어 줄 것이다.

차례

1장

★

1등이 되는 학습 시간

스스로 공부하는
시간부터 만들어라

2장

1등이 되는 학습 전략

전략이 빠진 공부는
시간 낭비일 뿐이다

3장

1등이 되는 학습 방법

성적은 올바른 학습법으로
공부할 때 오른다

4장

1등이 되는 학습 평가

시험은 또 다른
시작을 위한 준비다

1장

★

1등이 되는 학습 시간

스스로 공부하는
시간부터 만들어라

"왜 학원을 다녀도 성적이 안 오를까요?"

오늘 점심시간도 너무 시끄러웠다. 귀마개로 귀를 막고 학원 숙제에 집중해 봤지만, 어떻게 된 게 해도 해도 끝이 보이지 않았다. 아직 절반도 못 했는데, 하루가 너무 짧다. 같은 하루인데도 다른 아이들은 어떻게 저렇게 여유롭게 사는지 이해가 되지 않는다.

나에겐 숨기고 싶은 비밀이 있다. 바로 내 성적이다. 쉬는 시간에도 공부만 하는 내 모습에 친구들은 내가 최상위권인 줄 안다. 하지만 이번 시험도 나의 성적은 평균 79점이다. 도대체 무엇이 문제인지 모르겠다. 공부 잘하는 방법을 가르쳐 준다는 책을 수십 권이나 읽었고, 공부를 어떻게 해야 하는지도 잘 알고 있다. 무엇보다 나는 항상 열심히 공부한다. 그런데 왜 한가하게 놀고 있는 저 친구들이 나보다 더 성적이 좋은 것일까?

오늘도 학원 갔다 집에 오니 벌써 밤 11시다. 새벽 2시까지 숙제를 하고 다 못한 숙제는 다음 날 또 학교에서 해야 한다. 부모님은 날마다 밤을 새우는 나를 보며 학원을 그만두라고 하신다. 하지만 학원을 다녀도 성적이 이 모양인데, 학원마저 그만두면 어떻게 될지 자신이 없다. 불안한 마음에 학원 숙제에 더 매달려 보지만, 잠이 부족해서인지 머리가 무겁고 집중이 안 된다.

★ ★ ★ ★ ★ ★ ★

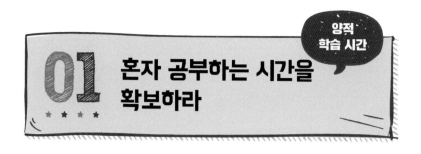

01 혼자 공부하는 시간을 확보하라

★ ★ ★ ★

진짜 공부를 하고 있는가?

중학교 1학년 승호는 시중에 나오는 유명한 공부법 책을 스스로 찾아 읽을 정도로 유난히 성적에 관심이 많았다. 숙제가 많기로 악명이 높아 웬만한 학생들은 6개월을 버티지 못하는 학원도, 승호는 초등학교 5학년 때부터 3년이 넘도록 다니고 있었다. 게다가 얼마 전부터는 학원 수업을 보충하기 위해 과외까지 추가했다.

승호의 하루 계획을 보면 어른도 버틸 수 있을까 싶을 정도로 공부 시간이 빼곡했다. 목표 점수는 당연히 100점이었지만, 정작 중학교 첫 시험에서 승호가 받은 성적은 79점이었다. 도대체 왜 새벽까지 공부하는데도 승호의 성적은 오르지 않는 걸까?

공부의 중요한 절대 원칙 첫 번째는 바로 '공부 시간'이다. 물론 여기서 '공부 시간'은 학교 수업을 듣고, 숙제를 하고, 학원 수업을 듣는 시간을 의미하는 것이 아니다. 생선에서 살을 발라내듯, 하루 중에서 스스로 투자하는 '진짜 공부 시간'이 얼마나 되냐는 것이다.

진짜 공부 시간이란, 오로지 내 힘으로 책과 마주 앉아 스스로 공부하는 학습 시간을 의미한다. 만약 승호처럼 학교 수업을 마치고, 곧장 학원으로 이동하여 밤늦도록 학원 수업을 듣고, 집에 돌아와 학원 숙제를 겨우 끄적거리다 잠이 들었다면, 안타깝게도 그날 공부한 진짜 공부 시간은 0에 불과하다.

배우는 시간과 익히는 시간

공부를 다른 말로 '학습'이라고 한다. 공부라는 과정 속에는 배우는 과정인 '학(學)의 시간'과 익히는 과정인 '습(習)의 시간'이 섞여 있다는 뜻이다. 학(學)의 시간은 새로운 내용에 대한 설명을 듣는 시간 즉, 수업을 의미한다. 학생들이 하루 중에 가장 많은 시간을 보내는 학교와 학원 수업이 모두 여기에 해당한다.

반면 습(習)의 시간은 수업에서 배운 내용을 본격적으로 내 것으로 만드는 과정이다. 선생님이 아무리 귀에 쏙쏙 들어오는 설명을 해주었다고 해도, 그것은 선생님의 지식일 뿐 나의 지식은 아니다. 배운 내용이 나만의 논리 구조와 이해 방식 속에 완벽히 녹아 들어오는 과정이 있어야 한다. 쉽게 말하면, 이해한 내용이 내가 원하는 순간에 완벽하게 끄집어 낼 수 있는 경지에 도달해야 비로소 나의 지식이라고 할 수 있다. 이때 학(學)과 습(習)의 비율은 1 : 3 정도가 가

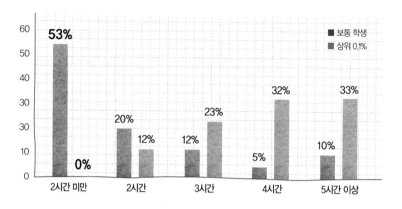

보통 학생과 상위 0.1%학생의 하루 자가 학습 시간
〈출처 : 대한민국 0.1% 100인의 X파일〉

장 적합하다.

상위권 학생들은 수업 시간에 이해가 잘되었다고 해서 공부가 끝났다고 생각하지 않는다. 오히려 이들은 배운 내용을 제대로 이해했는지 점검하는 데 더 많은 시간을 투자한다. 학교에서는 다 같이 어울려 노는 듯해 보여도 막상 성적 차이가 크게 나는 이유도 결국은 혼자 공부한 시간의 양이 다르기 때문이다.

그렇다면 보통 자기 공부 시간은 얼마나 필요할까? 초등학교 고학년이라면 하루에 1시간 30분에서 2시간 정도는 해야 한다. 또 중학생은 3시간, 고등학생은 적어도 4시간 이상은 자기 공부 시간에 투자해야 공부하는 습관이 몸에 붙는다.

승호의 문제 역시 자기 공부 시간이 없다는 것이었다. 밀린 학원 숙제를 하느라 정작 중요한 과정 즉, 내용을 자신의 지식으로 소화시키는 과정을 소홀히 했던 것이다.

자신의 문제점을 알게 된 승호는 자기 공부 시간을 확보하기 위해 가장 먼저 학원부터 정리했다. 예전에는 모르는 문제가 나오면 정답부터 바로 봤는데, 학원을 줄이고 나니 시간적 여유가 생겨서 틀린 문제가 나오면 어디서 잘못된 것인지 충분히 생각해 볼 수 있었다.

다음으로 학원 커리큘럼대로 따라가는 공부 대신 자기만의 계획과 방법을 실천하는 연습을 하기 시작했다. 너무 어려워 한두 문제밖에 맞힐 수 없었던 문제집을 버리고, 수준에 맞는 문제집을 골랐다. 또 만능 비법서처럼 애지중지하던 학원의 시험대비 자료집 대신 자기 힘으로 만든 과목별 노트를 100% 활용했다. 처음에는 혼자서 도저히 공부할 수 없을 거라 생각했지만 어느새 조금씩 공부에 자신감을 붙이기 시작했다.

시간은 누구에게나 똑같지 않다

승호가 도전해야 할 다음 단계는 자신의 절대 공부 시간을 늘리는 일이었다. 여기서 절대 공부 시간이란, 하루에 공부한 총 시간 중에서 온전히 스스로 학습한 실제 시간을 말한다.

학생들에게 자신의 하루를 되돌아 보고, 절대 공부 시간을 적어도 4시간 이상 확보해 오라고 말하면 대부분 볼멘소리부터 터져 나온다. 그도 그럴 것이 요즘 학생들의 하루 일정은 바쁜 직장인 못지않기 때

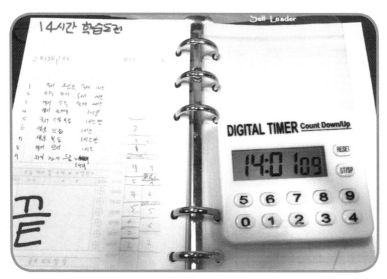

나만의 절대 공부 시간 만들기(학생 예시)

문이다. 이것저것 학교 과제도 많고 학원 스케줄도 복잡한데, 스스로 공부하는 시간까지 4시간이나 더하라니 어떻게 그게 가능할까.

하지만 시간이라는 것은 신기하게도 아껴 쓰면 쓸수록 점점 늘어나는 특징을 지녔다. 똑같은 하루 24시간이라 하더라도 어떻게 배분하고 활용하느냐에 따라 누구에게는 30시간 이상의 효과를 안겨 주는 것이다. 그렇다면 어떻게 해야 하루를 남들보다 두 배 더 활용할 수 있을까?

먼저 자신의 하루를 되돌아보고, 공부 시간을 위해 가장 먼저 줄여야 할 것이 무엇인지 순위를 매겨 보자. 만약 학원이나 과외 수업 후, 그 내용을 복습할 시간이 약 3배 정도 확보될 수 없다면 당장 개선이 필요하다. 수업 내용을 소화할 수 있는 시간을 마련하지 않으면 실력은 절대 늘 수 없기 때문이다. 다음으로 공부 시간과 휴식 시간은 철저하게 분리하도록 한다. 공부할 때 가장 안 좋은 습관은 자꾸 딴짓을 하는 것이다. 책을 펴 놓고 친구들과 스마트폰으로 메시지를 주고받거나 음악을 들으며 공부하는 것 등이 대표적인 예다. 화장실도 가지 않고 물도 마시지 않는 '요지부동 타임'을 스스로 설정해 보자. 그러면 공부한 양이 늘어나는 동시에 쉬는 시간도 더 늘어나는 신기한 경험을 하게 된다. 주말 시간을 활용하는 것도 좋은 방법이다. 등교를 하지 않는 주말은 시간적 여유도 있지만 일단 체력적으로 덜 피곤하기 때문이다. 주말에 몰아서 하기 좋은 공부를 한두 가지 정해서 매 주마다 달성한다면, 몇 달 뒤 나도 모르는 사이에 엄청난 공부량이 쌓여 있을 것이다.

주말에 하면 좋은 공부

❶ 평일에는 시도하기 부담스러운 취약 과목을 후행 학습해 보자.
❷ 그 주간에 배운 내용에 대한 총 복습을 해 보자.
❸ 중1~고1이라면 필수 문학 작품들을 한두 편씩 읽어 두자.
❹ 고2~고3이라면 논술 기출 문제를 풀어 보고 모범 답안을 분석해 보자.

승호는 자신의 계획을 망치는 시간들을 'Time Killer(타임 킬러)'라고 부르기로 하고, 이 시간을 줄여 공부 시간을 서서히 늘리기 시작했다. 그리고 자신만의 절대 공부 시간을 하루 5시간으로 잡았다.

아침에 일어나 타이머를 5시간에 맞춰 둔 다음, 공부를 할 때마다 시간을 계산한 것이다. 만약 하루에 목표한 공부 시간을 다 채우지 못하면 절대로 스마트폰을 만지거나 자리를 뜨지 않았다. 승호가 절대 공부 시간을 확보한 규칙은 다음과 같다.

'절대 공부 시간'을 확보하는 규칙

❶ 공부하기로 한 시간은 꼭 지킨다.
❷ 공부 시간 : 휴식 시간 = 9 : 1 원칙을 지킨다. (90분 공부 후 10분 휴식)
❸ 나의 공부 시간을 방해하는 Time Killer를 찾는다.
❹ 부족한 공부는 주말을 활용한다.

이 과정을 매일 같이 반복하자 승호는 하루에 다섯 시간은 스스로 혼자 공부해야 한다는 사실을 몸과 마음, 머리로 자연스레 받아들였다. 그리고 두 번째 시험 결과가 나오는 날, 학원의 도움 없이 오로지 자신의 힘으로 만들어 낸 평균 91.5점 성적표를 받을 수 있었다.

"아는 것이 많은데도
왜 성적이 안 나오는 걸까요?"

말이 통하는 몇 명 친구들을 제외하고는 대부분의 반 친구들은 모두 무식하다. 도대체 상식이 너무 없다. 세상에는 재미있는 일이나 신기한 것들이 얼마나 많은데, 왜 모두 관심이 없는지 모르겠다.

요즘은 휴대폰 하나만 있으면 어디와도 연결이 되는 세상이다. 유튜브는 움직이는 백과사전이라 그 안에는 없는 것이 없다. 친구들은 모두 내가 최상위권인 줄 안다. 수업 시간에 어떤 주제가 나와도 그것에 대하여 아는 척을 하는 사람은 나밖에 없으니까. 군계일학이라고나 할까?

하지만 정작 내 성적은 친구들의 상상과 달리 형편없다. 나는 다른 친구들처럼 게임에 빠져 있는 것도 아니고, 공부를 싫어하는 것도 아닌데, 왜 성적이 안 나오는지 잘 모르겠다. 공부하는 시간도 다른 친구들보다 훨씬 많지만, 성적은 기대에 못 미친다. 나처럼 유식한 사람이 이렇게 나쁜 성적을 받는 것을 보면, 무언가 시험 제도에 문제가 있는 것이 분명하다.

★ ★ ★ ★ ★ ★ ★

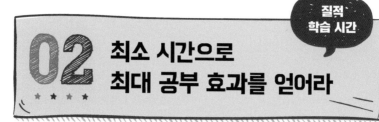

02 최소 시간으로 최대 공부 효과를 얻어라

질적 학습 시간

공부의 질을 높이는
몰입된 정신 에너지, 집중력

재호는 몹시 억울한 표정이었다. 다른 친구들보다 아는 것도 많고, 공부하는 시간도 충분한데 성적이 안 나오는 것은 무언가 단단히 잘못되었다며 투덜댔다. 어제도 밤 1시가 넘도록 공부했다고 말하는 재호의 얼굴에는 피곤함이 잔뜩 묻어 있었다.

일단 재호의 공부하는 모습을 정밀하게 분석해 보기로 했다. 그 속에는 심각한 문제가 숨어 있었다. 공부할 책은 책상에 펴 놓고 앉아 있지만, 책 옆에는 재호가 사랑하는 휴대폰도 함께 놓여 있었다. 공부하다가 궁금한 것이 생기면 곧 휴대폰으로 검색하고, 검색 하나로 시작된 일이 꼬리를 물어 나중에는 해외 웃긴 동영상에 키득거리며 몇 시간을 보내기도 하는 것이다. 정작 공부는 얼마 하지도 못했는데 어느덧 새벽이 되어 버린 적이 한두 번도 아니었다. 한 시간 공부하면 적어도 세 번은 물 마시러 들락날락거리는 것도 재호의 문제점 중에 하나였다.

이처럼 아무리 책상에 오래 앉아 있어도 성적이 오르지 않는 학생들은 집중력이 부족한 경우가 많다. 공부에 있어서 '집중력'이란 공부에 방해되는 모든 유혹을 물리치고 자기 의지로 공부에 주의를 기울일 수 있는 능력을 말한다.

집중력은 질적 공부에 있어서 필수적인 능력이며, 의식적인 훈련을 통해 얼마든지 단련시킬 수 있다. 집중력을 높이는 7가지 원칙으로는 다음과 같은 방법이 있다.

원칙1 »» 원인을 찾아라

내가 집중하기 어려워하는 이유가 어디에 있는지 찾아보자. 적이 무엇인지, 어디 있는지 알아야 해결이 가능하다. 대인 관계가 불편하거나 공부, 시험에 대한 불안감이 큰 심리적 요인인가? 잠을 못 자서 피곤하거나 컨디션이 쉽게 나빠지는 신체적 요인인가? 근처 사람들의 대화가 신경 쓰이거나 스마트폰을 한시라도 손에서 못 놓는 환경적인 요인인가? 원인을 찾았다면 그것을 해결할 수 있는 방법을 생각해 보자. 자신에게 단 1%의 변화라도 가져올 수 있는 방법이라면 적어도 일주일 동안 그대로 실행해 본다.

원칙2 »» 나를 알고 적을 알면 백전백승이다

나는 한 번에 한 가지씩 꾸준하게 하는 성실형인지, 여러 가지를 한꺼번에 해 나가는 멀티플레이어 유형인지 파악하자. 성실형이라면 하루에 두 과목 정도의 분량으로 좀 더 깊이 있게 꾸준히 진행하는 것이 효율적이다. 멀티플레이어 유형의 학생은 해야 할 것들을 적은 분량으로 나누어 하루에 다양한 과목을 하면서 공부가 지루해지지 않도록 조절하는 것이 좋다.

원칙 3 ≫ 공부할 분량이나 과제를 구체화시켜라

새로운 곳으로 여행을 떠날 때 지도 하나 챙기지 않는 사람은 없다. 내가 어디로 가야 하는지, 그렇게 하기 위해서는 어떻게 해야 하는지 명확하게 모른다면 길을 잃고 우왕좌왕하는 것은 당연하다. 마찬가지로, 공부할 분량이나 과제는 최대한 구체적이고 명확하게 적어야 한다. 가령 국어 과목을 공부한다면 단순히 '국어 공부하기'라고 적지 말고 '국어 교과서 3단원 학습 활동 읽기'식으로 정하는 것이다. 지도에 표시된 대로 목적지를 찾아가는 사람은 절대로 길을 잃지 않는다는 점을 명심하자.

원칙 4 ≫ 해야 할 것만 책상 위에 놓아라

집중을 잘하지 않는 학생들은 대부분 자신을 유혹의 굴레에 빠트린다. 만약 본인이 여기에 해당한다면 절대 자신을 믿으면 안 된다. 스마트폰이 눈에 밟힌다면 과감히 다른 사람에게 맡기거나 전원을 아예 끄는 결단이 필요하다.

원칙 5 ›› 뇌를 길들여라

우리의 뇌는 워낙 호기심이 많고 변덕스럽다. 그렇기 때문에 한 가지에 집중하여 깊게 생각하도록 뇌를 길들이는 훈련이 필요하다.

창의력이 뛰어난 학생일수록 호기심이 더 많기 마련이고, 이러한 학생들은 한 가지에 집중해서 꾸준히 생각하는 것을 어려워할 수밖에 없다. 그렇지만 뇌는 길들이기 나름이다. 자꾸 다른 길로 새려고 하는 나의 두뇌에게 '지금은 꼭 이걸 해야만 해!'라고 주문을 외워 보자.

원칙 6 ›› 마감 시한을 의도적으로 단축시켜라

쉬운 것부터 시작해 본다. 아침에 일어나서 학교 갈 준비를 하는 데 필요한 시간이 30분이라고 한다면 이를 15분으로 단축시키는 노력을 해 보는 것이다. 빨리 하려고 노력하는 동안에 우리는 어떻게 하면 좀 더 효율적으로 일을 처리할 수 있을지 꾸준히 생각하게 된다. 이 과정 속에서 우리는 단순히 학교 갈 준비만 하는 것이 아니라 이 과정을 능률적으로 하기 위한 방법도 배울 수 있다.

만약 영어 단어 30개를 외우는 데 걸리는 시간을 반으로 단축하기 위해 노력한다고 생각해 보자. 지금까지 해 오던 방식으로는 시간을 단축시키기란 불가능하다. 좀 더 빠르게 모든 것을 해내기 위해 집중할 수밖에 없다. 나아가 또 다른 목표를, 새로운 방안을 고민하게 될 것이다. 공부를 하면서 자신이 어떻게 하고 있는지 살펴보는 동안 집중력은 조금씩 늘어나게 된다.

원칙 7 ›› __스스로를 칭찬해라__

잠깐이라도 좋다. 이전보다 집중력이 조금이라도 높아졌다면 스스로에게 보상을 내린다. 맛있는 음식도 좋고 약간의 휴식도 좋다. 하지만 뭐니 뭐니 해도 가장 큰 보상은 칭찬이다. 내가 집중을 하기 위해 얼마나 노력했는지, 그리고 여러 번 실패할 수 있는 상황에서도 꾸준히 노력한 내가 얼마나 대견스러운지 다시 한 번 떠올려 본다. 그러면 어느새 스스로가 강해지고 있음을 느끼게 될 것이다.

　재호의 집중력을 향상시키기 위해 우선 휴대폰을 책상으로부터 분리하는 연습을 시작해 보기로 했다. 공부할 때 휴대폰은 다른 방에 놓고 오기로 한 것이다. 공부하다가 모르는 것이 생기면 형광펜으로 표시해 놓고, 모르는 개념이나 문제는 '미션 노트'에 모두 옮겨 적었다. 모르는 내용을 인터넷으로 검색하는 습관을 버리고, 교과목과 관련된 궁금증은 모두 참고서를 찾아 해결하기로 약속했다. 이해된 내용은 노트에 다시 정리했다.

　공부하다가 자꾸 물 마시러 일어나는 습관도 개선이 시급했다. 정작 재호는 자신이 그런 줄도 모르고 있었다. 그냥 몸에 붙은 버릇이었다. 큰 물병은 미리 가져다 놓고, 공부 시간과 쉬는 시간을　정하여 쉬는 시간에만 움직이기로 결심했다.

방해되는 것들과
스스로 결별할 수 있는 능력, 절제력

공부에 집중하기까지 학생이 극복해야 할 방해 요소들은 여기저기 널려 있다. 결국 누가 이 많은 유혹을 물리치고 공부에 집중할 것인지가 성적의 차이를 가져오는 요인인 셈이다. 이처럼 학습을 방해하는 요소를 스스로 참아 낼 수 있는 힘이 바로 절제력이다. 눈에 보이지 않아 측정하기 어려운 요소이지만, 절제력이 없는 학생은 사소한 자극에도 하루 공부를 다 망쳐 버리고 만다.

결심을 하기는 했지만, 오랫동안 몸에 붙은 습관을 버리는 것이 쉬운 일은 아니었다. 재호의 분신이었던 휴대폰이 눈에 보이지 않자, 금단 현상과도 같은 불안감이 재호를 덮쳤다. 공부하다가 10분이 넘어가면 정신이 멍해지고, 어느새 주변을 두리번거리며 휴대폰을 찾기 일쑤였다. 특히 교재에서 흥미로운 내용이 발견되면 그 내용을 검색해 보거나 유튜브에서 관련 내용을 찾아보고 싶어서 안달이 날 지경이었다. 그것 자체는 크게 문제될 것이 없지만, 재호의 또다른 문제는 생각의 꼬리물기였다. 한 가지 생각이 머릿속에 떠오르면 연이어 다른 생각이 이어져서 결국은 공부와 전혀 관련 없는 동영상 따위에 몰입되어 버리고 마는 것이다.

휴대폰을 만질 수 없게 되자, 재호의 어수선한 신경은 다른 곳으로 번졌다. 공부하다가 중간에 사전을 찾아보기도 하고, 괜히 자습서의 앞과 뒤를 뒤적거리기도 하고, 책상 한 구석에 곱게 꽂혀 있는 필독 도서들을 다시 꺼내 읽기도 했다. 여전히 집중된 모습은 아니었지만, 이러한 문자 매체는 휴대폰보다 자극성이 없고, 글 읽는 습관에도 도움이 되기에 재호의 태도는 점차 차분해지기 시작했다.

재호처럼 사소한 자극에도 생각이 분산되는 성격이라면 공부방안에 자극을 줄 만한 물건을 모두 치워버리는 것이 좋다. 아예 공부만 하는 장소를 따로 지정하는 것도 좋은 방법이다. 공부를 하기 위해 특정한 장소에 가는 행위만으로도 더욱 몰입할 수 있는 계기가되어 주기 때문이다.

일반 사람들의 집중력이 흐트러졌다가 다시 돌아오는 데에는 평균 7분 정도가 걸린다. 그러므로 학습을 방해하는 요소가 있어 문제가 된다면 반드시 과감하게 차단할 수 있어야 한다. 만약 스스로 절제할 힘이 부족하다면 주위의 도움을 빌려야 한다.

완벽한 공부를 향한
악착스러운 도전, 집요함

집중이 잘되는 날도 재호는 여전히 수학을 힘들어했다. 수학 공부는 집중력이나 절제력의 문제가 아니었다. 그동안 모르는 문제는 건너뛰고 아는 문제만 풀거나, 어려운 문제는 해답지만 보고 대충 이해하면서 넘어가던 공부 방법이 문제였다.

이런 식으로 공부하면 몇 시간을 공부해도 피곤하지 않다. 대신 실력도 전혀 늘지 않는다. 실력은 어려운 내용을 파고들며 몰랐던 원리나 내용을 깨우치고자 노력하는 시간을 통해 향상되기 때문이다. 이때 필요한 역량이 바로 '집요함'이다. 집요함이란 완벽하게 이해할 때까지 끈질기게 파고드는 도전 정신으로, 완벽한 학습을 위해 꼭 필요한 역량이다. 같은 시간을 투자하더라도 성적의 차이가 나는 것 역시 내용을 완벽하게 이해하겠다는 집요함에 있다. 대개 최상위권 학생들은 그 완벽함의 기준이 보통 학생들보다 높다. 그렇기 때문에 같은 범위의 진도를 나가도 지식의 수준이 깊고 넓은 것이다.

만약 공부를 하다가 잘 이해가 되지 않거나 어려운 문제가 풀리지 않는다면, 학습 균형이 깨지지 않도록 매일 조금씩이라도 하는 것이 중요하다. 취약한 부분은 그 이유와 방법을 분석해서 파고들지 않으면 결국엔 포기하게 된다. 모르는 문제가 나왔다고 해서 그냥 넘어가거나 해설지에 의존하지 말고, 왜 모르는지 이유를 반드시 찾아야 한다. 내가 어느 부분이 취약한지, 나의 사고가 어디서부터 잘못되었는지 찾는 훈련이 필요하다.

힘들어야 내 것이 된다는 사실을 꼭 명심하자. 쉬운 공부만 골라서 하면 안 된다. 거창한 것이 아니다. 당장 눈앞에 있는 것부터 하면 된다. 한 번도 이루지 못한 것을 이뤄 내려면 한 번도 하지 않은 행동을 해야 한다.

집요함 기르는 법

❶ 무조건 이해할 때까지 반복해서 읽는다.

❷ 틀린 문제, 찍은 문제, 헷갈린 문제, 어려운 문제를 표시해 나가며 반복 학습한다.

❸ 모르는 부분은 충분히 고민한 뒤 미루지 말고 구체적으로 질문한다.

다시 재호 이야기로 돌아가 보자. 재호는 결국 수학과 맞서기 위한 가장 정직한 방법을 선택했다. 매일 수학을 공부하기로 한 것이다. 우선 교과서는 최소 세 번 이상 읽었다. 처음에는 하나하나 꼼꼼하게 읽기보다 전체 흐름과 학습 목표를 이해하는 정도로 끝까지 읽는 데 목표를 두었다. 2회독 때는 내용을 차근차근 읽으며 중요한 사항들을 암기해 나갔고, 모르는 내용이 있으면 표시를 해 두었다. 마지막으로 3회독 때는 모르는 내용이 이해가 될 때까지 계속 정독을 했다. 문제집도 마찬가지였다. 여러 권을 대충 풀기보다 자신의 수준에 맞는 문제집을 한 권 택하여 적어도 세 번 이상 풀었다.

처음에는 문제집에 정답을 적지 않고 틀린 문제는 V, 어려운 문제는 ☆, 찍은 문제는 /, 헷갈린 문제는 ?로 표시만 해 두었다. 그리고 2회독 때는 표시한 문제들에 해당하는 단원의 개념을 찾아 다시 공부한 다음 그 문제를 연습장에 다시 풀었다. 3회독 때는 앞서 다시 틀린 문제에 대한 개념을 공부하고, 더 이상 틀리지 않을 때까지 연습장에 반복하여 풀었다.

공부가 술술 잘되는
최적의 공부 환경 만들기

사람은 모름지기 환경의 영향을 받는다. 한 연구 조사에 따르면, 학업 성취도가 높은 학생이 낮은 학생들보다 자신의 학습 환경을 구조화(참고서 준비, 시간 계획, 공부할 장소 지정 등)하는 데 관심이 많고 실질적으로 그 능력도 뛰어난 것으로 밝혀졌다.

이 말은 공부를 잘하는 학생들이, 공부가 더 잘되도록 하기 위한 물리적 환경 배열에 더 많은 노력을 기울인다는 뜻이다. 이 결과는 공부가 잘되도록 하는 환경적 요인이 공부에 대한 욕구나 목표 못지않게 중요한 요소임을 시사한다.

최고의 환경에서 공부한다면 그만큼 성과도 높아질 것이다. 자신에게 최적인 환경을 조성하기 위하여, 우선적으로 자기의 공부를 방해하는 요소가 없는지 살펴보자.

대표적인 공부 훼방꾼으로는 우선 스마트폰과 컴퓨터를 꼽을 수 있다. 이 문제를 해결할 수 있는 가장 좋은 방법은 문제의 원인을 완벽히 차단하는 것이다. 만약 이것이 너무 극단적이어서 지키기 어렵다면, 적어도 시간을 정해 놓고 그 시간만 사용해 보도록 스스로를 통제하여 보자.

나의 학습 환경 만들기

내 공부 방해 요소	해결 전략 세우기
무의식적으로 TV를 켜고 아무 생각 없이 TV를 본다.	꼭 봐야 하는 프로그램과 시간을 정해서 본다.
방문을 닫아도 거실 TV 소리가 들려 집중이 안 된다.	동생과 어머니께 도움을 구한다.
공부하다가도 딴짓을 잘한다.	책상, 책꽂이를 정리해서 공부에 불필요한 것을 없앤다.
잠이 부족해서 공부하다가 자주 졸음이 온다.	컴퓨터 게임을 하느라 늦게 자지 않는다.

나만의 학습 환경을 만들기 위한 약속 3가지

★ 내 공부 훼방꾼 BEST 3 : TV, 지저분한 책상과 책장, 컴퓨터

약속 1 평일에는 1시간, 주말에는 3시간 이내로 TV 시청!
(평일 : 10시 ~ 11시, 주말 : 8시 ~ 11시)

약속 2 책상 위에 공부와 관련된 것만 두고 항상 깨끗하게 정리하자!

약속 3 게임을 해서 내가 얻는 것은 공부할 시간 손실, 시력 저하, 집중력 감퇴! 게임과 완전히 절교하자!

건강한 몸과 마음 만들기

건강한 몸과 마음은 누구에게나 행복한 삶을 위한 중요한 요소다.

감기만 걸려도 앓는 동안 공부의 리듬이 끊어진다. 아무리 머리가 뛰어난 학생이라도 건강이 뒷받침해 주지 않으면 꾸준히 공부하기 어려울 수밖에 없다.

특별히 아픈 곳은 없더라도 평소에 실내에서 탁한 공기를 마시며 오랜 시간 책상에 앉아 있다 보면 컨디션이 안 좋아진다. 근육은 경직되고 혈액 순환도 원활하지 못하게 된다. 그러므로 점심시간을 이용해서 간단한 산책이나 스트레칭, 가벼운 운동을 해 보는 것이 좋다. 운동은 경직된 근육을 풀어 주고 혈액 순환을 도와 두뇌 활동이 원활하도록 돕는다. 더불어 운동을 통해 정신적 스트레스도 해소되어 다음 과제에 잘 집중할 수 있다.

수면 시간은 모든 학생들의 관심사다. 효과적인 수면을 취하기 위해 중요한 것은 몇 시간을 자느냐 하는 것이 아니다. 얼마나 양질의 수면을 취했는지, 또한 일상에서 얼마나 규칙적인 수면 리듬을 유지하는지가 주된 관건이다. 결론부터 말하면, 며칠 동안 밀린 잠을 하루에 몰아서 자는 것보다 매일 정해진 시간에 규칙적으로 자는 것이 좋다. 피곤이 누적된 상태라면 점심시간 등을 이용하여 짧게 잠을 보충하는 것도 좋은 방법이다.

학습을 위한 나만의 아지트 만들기

건강한 심신을 유지하며 공부의 기본적 마인드를 갖춘 상태라면 이제 본격적으로 공부 환경을 살펴보자. 규칙적으로 공부하기 위해서는 우선 공부가 잘되는 장소부터 정하는 것을 권한다.

자신이 공부에 효율을 높일 수 있는 장소가 어디인지 곰곰이 생각해 보자. 집에서 잘되는가, 독서실에서 잘되는가? 학원 자습실이 좋은가, 공공 도서관이 좋은가?

학습 장소를 결정했다면 이번에는 학습에 영향을 주는 주변 요소들을 하나씩 점검해 본다. 조명과 소음의 정도, 텔레비전과 컴퓨터의 위치, 책상과 의자, 침대 등 자신의 공부에 가장 큰 영향을 미치는 환경 요인을 찾아 대책을 마련하도록 한다. 한 가지 팁을 더하자면 어느 장소든지 한곳에 오래 머무를 경우 긴장감이 떨어지고 해이해지게 된다. 그러므로 6개월에 한 번 정도는 장소를 바꿔 분위기를 전환하는 것도 심기일전하는 기회가 될 것이다.

최적 학습을 위한 아지트 찾기

최적의 장소 찾아보기			
좋다 – 보통 – 별로 – 전혀 3점　2점　1점　0점	**공부 장소**(주로 공부하는 장소를 적어 보세요)		
	집	도서관	독서실
전화기, 컴퓨터, TV와 같은 공부를 방해하는 물건들이 거의 없다.	1	2	3
내가 공부할 때 다른 사람들이 방해하는 일이 거의 없다.	1	2	3
매우 조용하며 전화 소리, 음악, 말소리가 거의 들리지 않는다.	1	2	3
쉴 때와 공부할 때를 마음대로 조정할 수 있다.	1	2	3
이번 주에도 여기서 규칙적으로 공부했다.	1	2	3
이곳에서 공부할 때, 다른 사람들과 거의 이야기하지 않는다.	1	2	3
이곳의 실내 온도는 공부하기에 적절하다.	1	2	3
이곳의 의자는 공부하는 데 편안하다.	1	2	3
이곳의 조명은 공부하기에 적당하다.	1	2	3
이곳에는 공부나 학교 숙제와 관련 없는 물건들이 거의 없다.	1	2	3
합계			

가장 높은 점수를 받은 곳과 그곳의 장점

★ **장소** : 독서실　★ **장점** : 공부를 방해하는 요인들(TV, 컴퓨터, 소음 등)이 적은 편이다. 조용해서 언제나 원하는 때 공부할 수 있다. 사물함에 참고서들을 놓고 다닐 수 있어 편리하다.

가장 공부하기 좋은 곳의 단점과 개선 방법

★ **단점** : 가끔 집에 있다 보면 독서실 가는 것 자체가 싫은 날이 있다.

★ **개선 방법** : 학교에서 곧바로 독서실 가기! 집에 들렀다 가더라도 밥 먹고 옷 갈아입고 곧바로 독서실로 가기!

2장

★

1등이 되는 학습 전략

전략이 빠진 공부는
시간 낭비일 뿐이다

"우리 반 1등은 이걸로 공부하는데요"

드디어 11월 모의고사 성적표가 나왔다.

또 4등급이다. 고등학생이 된 이후로 나는 줄곧 4등급만 받아 왔다. 동네에서 가장 유명하다는 학원도 다녀 봤지만 소용없었다. 지난 여름 방학 때는 스파르타식으로 가르친다는 기숙 학원에서 하루에 무려 12시간이나 공부만 하기도 했다. 결과는?

역시 9월 모의고사도 4등급을 찍었다. 할 수 없이 잘난 척하기 좋아하는 우리 반 1등 녀석에게 친한 척까지 하면서 어떻게 공부하느냐고 물었다. 그런 다음 그 애가 추천해 준 인터넷 강의와 문제집으로 방법을 바꾸고 매일 새벽 2시까지 독하게 공부했다. 자존심까지 접어 가며 얻어 낸 정보가 아니던가!

나는 하루도 빠짐없이 인터넷 강의를 듣고 문제집을 풀어 댔다. 정말 후회 없이 공부했건만… 또다시 4등급 신세를 면치 못한 것이다. 도대체 뭐가 문제인지 모르겠다. 좋다는 학원을 다녀도 안 되고, 1등 애들이 듣는다는 인터넷 강의를 들어도 안 된다면 결론은 오직 하나다. 아무래도 나는 공부 쪽이 아닌 것 같다.

★ ★ ★ ★ ★ ★ ★ ★

03 자기만의 공부 무기를 만들어라

★ ★ ★ ★

나의 공부 스타일 파악하기

넘쳐 나는 공부법을 한 번쯤 따라 해 본 경험이 있을 것이다. 그런데 왜 똑같은 방법을 두고도 누구는 성공하고 누구는 실패하는 걸까? 답은 아주 간단하다. 나는 그 사람이 아니기 때문이다. 하다못해 가벼운 감기도 진단이 있어야 정확한 처방을 받는 것인데, 각자 개성과 능력이 다른 사람의 공부 요령을 한두 가지로 적용시키기는 당연히 어렵다.

원석이 역시 공부 방식에 큰 문제가 있었다. 바로 자신만의 전략이 없다는 점이다. 그동안 원석이는 유명하다는 학원을 등록하거나 1등이 추천하는 문제집과 강의를 따라 하는 식으로 공부해 왔다. 마치 나의 체질과 질병을 고려하지 않은 채 몸에 좋다는 영양제와 보약을 무작위로 복용한 것과 같은 꼴이었다.

물론 원석이에게는 장점도 있었다. '공부를 잘하고 싶다'는 굳은 의지였다. 원석이는 하루에 적어도 4시간 이상 스스로 공부하려고 노력했다. 공부에 방해가 된다며 자발적으로 스마트폰을 2G폰으로 바꿀 정도였다. 그러나 딱 거기까지였다. 전쟁터에 나가는 장수로 비유하면 원석이는 애국심과 투지는 드높지만, 전쟁에서 승리할 자기만의 무기와 갑옷이 없는 것과 마찬가지였다. 게다가 나의 상태와 체형은 살피지도 않고, 다른 사람들의 무기만 기웃거리는 어리석은 행동을 그동안 원석이는 반복해 왔던 것이다. 원석이에게 딱 맞는 무기를 찾는 것이야말로 이 질긴 전쟁을 승리로 이끄는 열쇠였다. 그렇다면 자신에게 맞는 무기는 어떻게 찾아야 할까? 먼저 아래와 같이 자신을 세 가지 측면에서 진단해 보아야 한다.

진단1 >>> 성적

진단의 가장 첫 번째 단계는 자신의 성적을 정확히 규정하는 일이다. 스스로를 상위권, 중위권, 하위권으로 구분하는 것이 불편할 수도 있다. 그러나 성적에 대한 정확한 파악은 이후 성공적인 입시 전략을 짜기 위한 토대가 되어 주기 때문에 냉철한 분석이 필요하다.

	최하위권	하위권	중위권	중상위권	상위권	최상위권
평균점수 (중학생)	60점 미만	60점 이상 ~70점 미만	70점 이상 ~80점 미만	80점 이상 ~90점 미만	90점 이상 ~95점 미만	95점 이상
등급 (고등학생)	5등급 이하	4, 5등급	3, 4등급	2, 3등급	1, 2등급	1등급
비율	50% ~100%	50%	30%	12%	6%	1%

진단 2 ≫ 공부 스타일

사람마다 성격과 개성이 다르듯이, 학생마다 효율적인 공부 방법은 다르다. 다양한 공부 방법을 탐색해 보고, 나의 성격이나 개성에 가장 잘 맞는 공부 방법을 찾아본다면 그 효과는 배가 될 것이다.

나는 공부할 때, 공부가 잘된다.

> 혼자, 여럿이
> 말을 하면서, 글로 쓰면서
> 아침에, 밤에, 새벽에, 낮에
> 정해진 시간표로, 융통성 있는 시간표로
> 한 과목만, 여러 과목을 바꿔 가며
> 정적이 흐르는 곳에서, 약간의 소음이 있는 곳에서

개성 살리기 전략	
혼자	예) 나만의 공간에서 공부한다.
여럿이	예) 목적이 분명한 스터디 그룹을 만들어 공부한다.
말을 하면서	예) 말을 하면서 공부할 수 있는 공간을 마련한다.
글을 쓰면서	예) 정리 노트를 만들어 공부한다.
집중 시간대	예) 집중이 잘되는 시간에 이해가 필요한 내용을 공부한다.
정해진 시간표로	예) 구체적인 계획을 세우고 공부하며 이행률을 체크한다.
한 과목만	예) 한 과목 학습 시간을 길게 계획한다.
정적이 흐르는 곳에서	예) 조용한 나만의 공간에서 공부한다.

이와 같은 진단을 마친 결과, 중하위권에 속한 원석이는 혼자서 공부하는 것을 선호하는 아이였다. 원석이는 학원에서 여럿이 함께 수업을 듣는 것보다 집에서 혼자 인터넷 강의를 들을 때 집중이 더 잘된다고 했다. 또 아침 잠이 많아 밤에 공부하는 것이 좋고, 이것저것 여러 과목을 공부하는 것보다 한 과목을 2시간 이상 공부할 때가 더 효과적이었다.

진단 3 ≫ 시험 결과 분석하기

자신의 현재 위치와 공부 스타일을 파악했다면 이번에는 본격적으로 시험 결과를 분석해야 한다. 이에 대한 방법은 크게 두 가지로 나눌 수 있는데 강점 과목과 약점 과목 분석하기, 틀린 문제 분석하기가 그것이다. 우선 시험 결과를 토대로 내가 잘하는 과목과 못하는 과목을 고른다. 그다음에는 시험 결과와 상관없이 내가 좋아하는 과목과 싫어하는 과목을 정한다. 이 두 가지 요소를 통해 나의 강점 과목과 약점 과목을 규정할 수 있다.

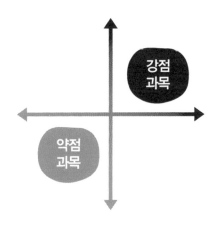

강점 과목과 약점 과목은 실제 목표를 성취하는 데 가장 큰 영향력을 미치므로 학습 계획 수립에서도 더 많은 신경을 써야 한다. 특히 강점 과목은 고학년이 되기 전까지 나만의 확고한 무기로 개발해야 한다. 더욱 집중 투자를 하여 그 과목에 관련해서는 웬만한 고급 난이도의 문제가 나와도 성적에 큰 변동이 없는 수준으로 실력을 쌓는 것이 좋다. 반면 약점 과목은 원인을 분석한 뒤 방학처럼 특정 기간에 집중적으로 공부한다. 약점 과목은 성적 상승의 기회가 될 수 있으니 반드시 정복하도록 한다.

　일반적으로 약점 과목이 발생하는 배경은 크게 두 가지로 나뉜다. 해당 과목에 대한 흥미가 없거나 해당 과목에 대한 학습 전략의 부재가 그것이다. 전자의 경우라면 일정 시간 이상의 공부량을 규칙적으로 가지는 것이 좋다. 해당 과목에 대해서 흥미를 느끼기 위해서는 해당 과목이 어떤 내용을 전달하는지 먼저 아는 것이 중요하므로, 재미가 없더라도 자꾸 규칙적인 학습을 통해 알아내려는 자세가 필요하다. 후자의 경우에는 공부량보다 학습 전략이나 공부 방법에 대해 고민을 해야 한다. 시중에 나와 있는 공부법 책이나 인터넷 정보, 해당 과목을 잘하는 친구의 공부 방법을 참고한 다음, 그것을 자신만의 방법으로 만드는 일에 노력을 기울여야 한다. 만약 주요 과목인 국어, 영어, 수학이 약점 과목으로 분류되었다면 특별 조치가 필요하다. 고3까지 큰 부담으로 남을 뿐더러 상위권 대학에 진학하는 데 치명적이기 때문이다. 그러므로 시간적 여유가 있을 때 반드시 정복해야 한다.

강약 공략하기

강점 과목 / 약점 과목 찾기

강점 과목 찾기

내가 가장 좋아하는 과목은 무엇입니까?

사회, 수학

내가 가장 잘하는 과목은 무엇입니까?

수학, 과학

약점 과목 찾기

내가 가장 싫어하는 과목은 무엇입니까?

영어, 기술가정

내가 가장 못하는 과목은 무엇입니까?

영어, 기술가정

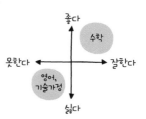

강점 과목 / 약점 과목 전략 세우기		
	과목	해결 전략 세우기
강점 강화하기	수학	매일 50분씩 공부하기 기초학습 (교과서) – 기본학습 (개념 + 유형) – 심화 학습 (쎈 수학) 오답 정리 필수적으로 하기
약점 개선하기	영어 기술가정	영어 여름 방학 기간을 이용해서 하루 2시간씩 문법 공부하기 문법서 : 『This is grammar』 정복하기 노트 필기로 정리하고 암기하기 기술가정 수업 후 5분 복습하기 – 중요 포인트만 짚어 놓기 노트 필기로 정리하고 암기하기

강점 과목과 약점 과목에 대한 분석을 마쳤다면 이번에는 시험지에 주목해야 한다. 간혹 몇몇 학생들은 시험이 끝나자마자 시험지를 버리는 실수를 저지른다. 그러나 시험지에는 나의 공부 스타일에 대한 귀중한 정보가 한가득 들어 있다는 사실을 결코 잊어서는 안 된다. 틀리는 데는 다 이유가 있기 나름이고, 그 이유를 알아야 고칠 방법을 찾을 수 있기 때문이다. 먼저 틀린 문제를 체크해 왜 틀렸는지 분석해 본 다음 나만의 해결 전략을 세워 보자.

WORKSHEET

틀린 이유 분석하기

		나의 문제점	해결 전략 세우기
시험 기술 부족	단순 실수	아는 내용인데 실수했어요.	문제를 풀 때 글씨를 또박또박 쓰여 푼다.
	답안 작성 오류	아는 내용인데 답안 작성을 잘못했어요.	시험 보기 전에 OMR카드 마킹 연습을 한다.
	시간 부족	시간이 부족해서 아는 것을 못 풀었어요.	문제를 풀 때는 시간을 정해 놓고 푼다.
시험 준비 부족	이해 / 사고	이 부분을 잘 모르겠어요.	용어와 개념은 꼭 정리하여 이해한다.
	정리 / 암기	암기하지 않아 못 풀었어요.	방대한 내용을 한 장의 종이에 외워서 정리한다.
	문제 해결	아는 내용인데 문제를 잘못 이해했어요.	문제를 읽자마자 풀이 아이디어만 써 보는 훈련을 한다.
		무엇을 요구하는 문제인지 잘 모르겠어요.	
		어떻게 풀어야 할지 잘 모르겠어요.	

시험지 분석하기

분석할 시험 [1학기 기말고사 과학]																											

분석			문항번호																									총합
			1	2	3	4	5	6	7	8	9	10	11	12	13	14	15	16	17	18	19	20	21	22	23	24	25	
정답	실력			✓	✓			✓	✓	✓		✓	✓		✓	✓		✓		✓	✓	✓		✓					
	우연	오답으로 간주				✓																							
오답	시험 기술 부족	단순 실수																											
		답안 작성 오류												✓			✓												
		시간 부족																								✓	✓		
	시험 준비 부족	이해 / 사고 부족					✓																						
		정리 / 암기 부족				✓													✓				✓						
		문제 착각																											
		문제 이해 부족																											
		문제 해결 전략 부족																							✓			
		기타																											

가장 많은 빈도의 오답 원인부터 나열해 보고, 각각의 해결 전략 세우기		
번호	오답 원인	해결 전략
1	정리 / 암기 부족	암기한 내용을 백지 테스트 해 본다.
2	답안 작성 오류	예비 마킹을 하고 마킹한다.
3	시간 부족	시험 시간을 분배하는 연습을 한다. – 단원 마무리 문제 풀 때
4	이해 / 사고 부족	학습 내용이 이해가 안 되었을 때는 선생님께 꼭 질문한다.
5	문제 해결 전략 부족	문제를 읽자마자 풀이 핵심 아이디어를 문제 옆에 적어 본다.

나의 수준에 맞는
강의와 교재 찾기

헛고생 안 하고 원하는 것을 얻으려면 딱 맞는 도구와 방법을 찾아야 한다. 안 그러면 고생은 고생대로 하고 시간과 노력 낭비에 덤으로 허탈감과 좌절감마저 얻을 수 있다.

원석이의 경우가 그랬다. 그동안 원석이는 유명하다는 소문만 듣고 학원을 택하거나 상위권 학생들이 듣는 강의와 교재라면 무작정 따라 샀다. 하지만 이것들은 원석에게 맞는 무기가 아니었다. 원석이의 현재 수준은 과목별로 달랐기 때문에 그에 맞는 원석이만의 전략이 필요했다. 다른 학생들에게는 학원과 강의가 공격력 좋은 칼이었을지 모르나, 원석이에게는 무거워서 들기조차 힘든 쓸데없는 쇠막대기에 불과했던 것이다.

교재, 강의를 고를 때 생각해야 할 사항

- 난이도가 나의 수준에 적합한가?
- 개념 설명 파트와 문제 풀이 파트의 분배가 적절한가?
- 교재 혹은 강의의 평판(또는 수준)은?
- 진도를 나가는 속도가 나에게 적합한가?
- 디자인이 보기 편하게 구성되어 있는가?
- 가격 수준은 적절한가?

학생들에게 본인 수준에 적합한 교재와 강의를 직접 고르라고 하면 의외로 선택하지 못하고 망설인다. 서점에는 비슷한 수준의 교재가 넘쳐 나고 온라인 강의 역시 업체별, 주제별로 세분화되어 있을 만큼 다양하기 때문이다. 나에게 맞는 교재를 고를 때는 가장 먼저 나의 특성에 맞는 기준을 세우는 것이 중요하다. 그런 다음 직접 훑어 보면서 내가 세운 기준에 맞춰 점수를 매겨 본다. 이 과정을 마치면 자연스럽게 교재마다 장점과 단점이 파악되어 선택하기 쉽다.

교재 선택하는 법

❶ 필요한 교재의 종류를 결정한다.

- 문제 풀이보다는 기본적인 내용 전달에 목표를 두었으며 개념에 대한 정리를 강조한 책을 원할 경우
  예) 정석, 수학 바이블, 완자, 과목별 자습서 등
- 기초적인 개념에 대한 이해가 끝난 상태에서 다양한 문제 풀이 연습을 통해 시험에 대비하고자 하는 경우
  예) 쎈수학, 모의고사집, 기출/평가 문제집 등

❷ 현재 나의 실력과 목표, 공부할 수 있는 시간 등을 파악한다.

온라인 강의는 수업을 주도해 주는 선생님 없이, 학생 스스로가 진행해야 하므로 결코 쉬운 일이 아니다. 넘쳐 나는 강의 홍수 속에서 나에게 딱 맞는 강의를 찾기 위해서는 무엇보다 철저한 계획과 굳은 마음가짐이 필요하다. 이를 간략히 정리해 보면 다음과 같다.

온라인 강의 선택하는 법

❶ 나에게 필요한 강의가 무엇인지 생각해 보고 목적에 따라 선택한다.
- 심화된 개념을 이해하고 싶은가?
- 기출 문제를 분석하고 싶은가?
- 취약한 특정 단원을 집중적으로 익히고 싶은가?

❷ 일주일에 주 2회 이상 강의를 규칙적으로 들을 수 있는 시간을 확보한다.

❸ 선택한 강의의 맛보기 강좌를 들어 본다.

❹ 강의의 전체 스케줄을 살펴보고 끝까지 들을 수 있는 강좌로 선택한다.

원석이는 약점 과목인 영어를 분석하는 과정에서 자신이 특히 문법에 약하다는 사실을 깨달았다. 그래서 평소 공부하던 토플 문법책을 버리고 중학교 3학년 수준의 문법책을 골랐다. 강점 과목이긴 해도 기초가 약해 따라가기 힘들었던 수학, 과학은 조금 쉬운 난이도와 개념 위주의 인터넷 강의로 보충했다. 그동안에 들었던 강의들은 너무 진도가 빠르거나 내용이 어려워서 집중력도 떨어졌는데, 한 단계 쉬운 강의를 들으니 공부한 만큼 이해가 되고 내용도 머릿속에 훨씬 잘 들어왔다. 이제야 비로소 원석이는 따라쟁이가 아닌 진정한 '자기만의 공부'를 하기 시작했다.

"계획은 나와의
약속이라서 어기면 안 돼요"

　자명종 소리에 눈을 번쩍 떴다. 한 주가 시작되는 월요일이다. 이번 주에 해야 할 것들을 생각해 본다. 벌써부터 마음이 바빠진다. 당장 월요일부터 공부 계획이 어그러지면 일주일이 다 엉망이 된다. 그런 생각을 하니 마음이 불안하다.

　나는 다른 친구들보다 머리가 나쁜 편이니, 대신 더 많이 노력해야 한다고 아빠는 어려서부터 강조하셨다. 맞는 말씀이었다. 나쁜 머리로 현재의 중위권 성적을 상위권으로 올리려면 더 많이 공부하는 것밖에 방법이 없다. 해야 할 공부 목록을 다이어리에 적어 내려가다 보니, 이번 주에도 공부할 것이 100가지가 넘는다. 시간은 부족하고, 해야 할 일은 많고, 결국 해결 방법은 치밀한 계획을 세워 시간을 아껴 쓰는 수밖에 없다. 오늘 해야 할 공부는 15가지 정도이다. 10분 단위로 쪼개서 계획을 분배하고 나니 마음이 바빠진다.

　그런데 단 한번도 계획을 완성한 적은 없다. 그렇다고 뺄 수 있는 계획도 없다. 지금도 잠이 부족한데… 역시 자는 시간을 더 줄여야 할까?

★　★　★　★　★　★

04 성적을 올리는 계획은 따로 있다

나만의 공부 지도부터 그려라

희진이는 늘 시간에 쫓기는 사람처럼 보였다. 깨알 같은 글씨가 빼곡히 적혀 있는 다이어리에 무언가를 적으며 희진이는 불안한 표정으로 책상에 앉아 있었다. 희진이의 다이어리를 보면 모두들 깜짝 놀라게 된다. 하루에 완성해야 할 목표가 너무나 많기 때문이다. 중요한 과목은 거의 매일 한 번 이상씩 공부하도록 계획되어 있었다.

그러나 정작 지나간 계획표를 살펴보니 처음에 작정한 목표의 절반을 달성한 경우도 드물었다. 대다수의 계획들은 실천되지 못한 채 남겨져 있었다. 전날 완수하지 못한 계획은 다음 날 다시 적혔고, 거기에 또 어제 분량만큼 많은 계획이 새로 추가되었다. 희진이는 이렇게 지키지도 못할 약속을 매일 자신에게 강요하고 있던 것이다.

그런 의미에서 생각해 본다면 희진이가 적어 넣은 계획은 계획이 아니었다. 그냥 희진이의 불안한 마음속에서 떠오르는 공부 목록에 불과했다. 갑자기 방정식이 생각나면 방정식을 계획에 넣고, 우연히 가정법 문장을 만나면 가정법 공부를 계획에 추가했다. 시험이 다가 오면 희진이의 계획표는 더 바빠졌다. 밥 먹을 시간도, 쉬는 시간도 없었다. 그러나 오히려 이런 계획표 때문에 희진이의 시험 준비는 체계적이기는커녕 더욱 엉망이 되어 버렸다.

도대체 그토록 정성 들여 짠 계획들이 왜 단 하루도 지켜지지 않는 걸까? 희진이는 시간을 전혀 고려하지 않은 채 무턱대고 해야 하는 공부 목록을 계획표에 쑤셔 넣었다. 꼼꼼하게 계획을 짜는 듯해 보였으나 실은 잘못된 방법으로 시간만 낭비한 셈이다.

의외로 많은 학생들에게서 희진이와 같은 경우를 찾아볼 수 있다. 아침부터 밤까지 분주하게 학교와 학원을 오가는데도 무리한 계획으로 인해 몸과 마음만 지치고 마는 것이다.

공부 계획이란 일정한 기간을 정하고, 그 기간 동안 집중해서 자신이 정한 목표를 달성하는 것을 말한다. 막연히 '열심히 하자'가 아닌 나의 장기적인 목표를 정확히 알고 그에 맞게 분기, 월, 주, 일별로 해야 할 일을 계획, 실행할 수 있어야 한다. 희진이 역시 하루하루에 매달리던 무리한 계획표 대신 자신의 커다란 공부 지도를 그리는 일이 우선 필요했다. 그리기 위해서는 장기, 중기, 일일별로 제대로 된 계획을 세워야 했다.

장기 계획 세우기

장기 계획이란 학기, 학년, 입시 등 6개월 이상 분량의 주(週) 단위 학습 계획을 말한다. 장기 계획을 세우면, 눈앞의 중간고사와 기말고사만 바라보고 살던 것에 비하여 공부의 시야가 넓어진다. 시험이 끝나면 무엇을 해야 할지 막막해하는 학생들은 바로 이 '장기 전략'이 없을 확률이 높다.

장기 계획은 최종적으로 원하는 목표를 생각하면서 작성해야 하기 때문에 공부의 균형 잡힌 설계를 그릴 수 있다. 예를 들어 불안한 과목 위주로 공부하다 보니 다른 주요 과목이 바닥을 치는 경우를 방지할 수 있다. 무엇보다 가야 할 길을 명확하게 제시해 주므로 실행력이 월등히 높아진다.

장기 계획 세우는 방법

❶ 일정한 기간 동안 이루고 싶은 공부의 목표를 정한다.
❷ 학사 일정을 바탕으로 공부의 큰 틀을 잡는다.
❸ 교재와 공부 방법을 정한다.
❹ 공부 기간과 순서를 정한다.

장기 계획 학습 포트폴리오(학생 예시)

과목	교재	한 주의 학습량	기간 내의 학습범위	4월 1주	4월 2주 (모의고사 4/13)	4월 3주	4월 4주 (중간고사)	5월 1주	5월 2주	5월 3주	5월 4주	6월 1주 (모의고사 6/2)
목표				모의고사 시간내에 모든 문제 풀이하기		중간고사 대비 학습하기 (목표: 1등급)		개념어 점검으로 실력 올리기 비문학 문제풀이에 집중하지 않기-단				
수능국어 기반학습	EBS 수능개념 김철회의 출제 원리로 완성하는 비법	여섯 강씩	1강~책 완료					시험진행 & 오답분석	1-6강	7-12강	13-18강	19-24강
	EBS 수능개념 남궁민의 개기일식 기출편	다섯 강씩	1강~책 완료									
문학	EBS 수능특강 문학	파트 하나 +시험발체학습	2단원~책 완료	II. 읽을 학습	III. 실전 학습	시험범위 작품분석	시험범위 완품분석					
		네~다섯 강씩	1강~책 완료						1-4강	5-9강	10-13강	14-
	[쏠티북스] 고등 국어 EBS! 문학전작품 단벤정리	대단원하나 +시험발체학습	1단원~책 완료 (2회독)									
비문학	EBS 수능특강 독서	파트 하나	2부~책 완료	2부 직업 학습	3부 실전 학습	중간고사에 독서 안들어감						
	EBS 인터넷 수능 3점공략 문학(1~18강)&독서(19~42강)	다섯 강씩	19강~책 완료						19-24강	25-29강	30-34강	35-39강
	매3비 매일 지문 3개씩 푸는 비문학 독서 수능기출	한 주차씩	2주~책 완료									
	매3비(II) 매일 지문 3개씩 푸는 비문학 독서 수능기출	한 주차씩	1주~책 완료									
독해	EBS 수능특강 영어(유형편)	시험범위에 맞춰	1강~책 완료	1-5강 19-26강	중간고사 자료분석	올기분석 변형문제		시험진행 & 오답분석	6-11강	12-18강	27~30강 TEST 1	TEST
	EBS 수능특강 영어독해연습	네 강씩	1강~책 완료			중간고사에 독해연습 안늘어감			1-4강 분석	5-8강 분석	9-12강 분석	미니test 분석
	EBS N제 고등 영어 200제 (4/21 발간)	50문제씩	1번~책 완료									
	EBS 인터넷 수능 3점공략 영어 빈칸추론	세 강씩	1강~책 완료									
	EBS 수능의 7대 함정 (5/20 발간)	목차에 따라	처음~책 완료									
	EBS 수능완성 영어 유형편+실전편 (6/20 발간)	다섯 개씩	1강~책 완료									
	EBS 7030 Final(파이널) 영어 실전모의고사 (7월 발간)	2회 씩	1회~책 완료									
	매일 3단계로 훈련하는 영어 수능독해 228제 기출실전편	DAY 다섯개씩	DAY1~책 완료									
	매일 3단계로 훈련하는 영어 고난도 유형독해 3+	DAY 네개씩	DAY1~책 완료									
문법	매일 3단계로 푸는 영어 어법/어휘	DAY 여섯개씩	DAY1~책 완료						DAY 1-6	DAY 7-12	DAY 13-18	2단계 학습
듣기	EBS 수능특강 고등 영어영역 영어듣기	파트 하나씩										
목표				모의고사 1~12번 다 맞기!		중간고사 대비 학습하기 (목표: 2등급)		수학2 + 미적분1 후행학습하기 (풀이시 모르는개념 바로 찾고 암기하기)				
수학2	EBS 수능특강 수학2(1~9강)+미적분1(1~9강)	두 강씩	1강~책 완료 (3회독)	2강완료	2강완료	중간고사에 수학2 안들어감		시험진행 & 오답분석	유형 7-9	유형 10-12	유형 13-15	유형 16-18
	짱중요한 유형 수학2	세 강씩	유형7~책 완료 (2회독)									
미적분1	EBS 수능특강 수학2(1~9강)+미적분1(1~9강)	두 강씩	1강~책 완료 (2회독)	1-2강	4-4강	중간고사에 미적분1 안들어감			5-6강	7-8강	9강	미적
	짱중요한 유형 미적분1	네 강씩	유형5~책 완료 (2회독)									
	메가스터디 빅데이터 고등 수학 영역 미적분1 수능기출문제집	STUDY 2개씩	STUDY1-4									
확률과통계	EBS 수능특강 확률과통계	두 강씩	1강~책 완료 (3회독)	1강	2강	중간고사 범위완료	출간고사 범위만료		1-4강	5-6강	7-8강	지등어 4-28강
	짱중요한 유형 확률과통계	세 강씩	유형1~책 완료 (2회독)									1-34
	메가스터디 빅데이터 고등 수학 영역 확률과 통계 수능기출문제집	STUDY 2개씩	STUDY1-8									
수학종합	EBS 수능의 7대 함정 (5/20 발간)	목차에 따라	처음~책 완료									
	EBS 수능완성 수학 나형 유형편+실전편 (6/20 발간)	목차에 따라	처음~책 완료									
기출문제	씨뮬 기출문제 교재 + 프린트	한 회 씩	2011~2015년도 6월~9월						2015년 6월	2014년 6월	2013년 6월	2012년 6월

4~9월 상반기 포트폴리오

		7월				8월					9월				상반기 목표
4주	5주	1주	2주	3주	4주	1주	2주	3주	4주	5주	1주	2주	3주	4주	
			기말고사	여름방학							모의고사 9/1		수시접수기간 9/12-9/21		

국어

4주	5주	7-1주	7-2주	7-3주	7-4주	8-1주	8-2주	8-3주	8-4주	8-5주	9-1주	9-2주	9-3주	9-4주
쁠 초단기 총겸검생하는 부분 확인		기말고사 대비 학습 (목표: 1등급)	시험진행 & 오답분석	EBS라인 단계별진행에 누수 없도록! (포트폴리오 온전하게 수행)		수능/내신 고르게 학습하기 모의고사 1등급 목표					비문학/문학 기본학습+자소서		중간고사 대비학습	
		시험범위 작품분석		1-5강	6-10강	11-15강	16-20강	21-25강			국어 기반학습 최소 +기본 내신학습 +학생부종합 자기소개서 작성			
채다 시가		시험범위 작품분석		II. 고전시가	III. 현대소설	IV. 고전소설		V. 극 VI. 수필	복습 I 현대시	복습 II 고전시가	복습 III	복습 IV 고전소설	시험범위 작품분석	
3주	4주			1주	2주	3주	4주				국어 기반학습 최소 +기본 내신학습 +학생부종합 자기소개서 작성			

영어

4주	5주	7-1주	7-2주	7-3주	7-4주	8-1주	8-2주	8-3주	8-4주	8-5주	9-1주	9-2주	9-3주	9-4주
중간고사 지분분석		기말고사 별형문제	시험진행 & 오답분석								영어 기반학습 최소 +기본 내신학습 +학생부종합 자기소개서 작성			
101-150문제	151-200문제			1-3강	4-6강	7-9강	10-12강	미니test						
/(최초발간) 학습진행				1-5	6-10	11-15	16-20	실전 모의고사			중간고사 별형문제			
									1-2회	3-4회	5-6회	영어 기반학습 최소 +기본 내신학습 +학생부종합 자기소개서 작성		
				DAY 1-5	DAY 6-10	DAY 11-15	DAY 16-20	실전 모의고사						
									DAY 1-4	DAY 5-8	DAY 9-12	DAY 13-14	버퍼	영어 기반학습 최소 +기본 내신학습 +학생부종합 자기소개서 작성
				Part 1 유형편 01강~22강		PII소재 23-27강	PIII실전 28-34강							

수학

4주	5주	7-1주	7-2주	7-3주	7-4주	8-1주	8-2주	8-3주	8-4주	8-5주	9-1주	9-2주	9-3주	9-4주
하게 2회독! 주윈인 작성하기		기말고사 대비 학습 (목표: 2등급)	시험진행 & 오답분석	지금까지의 교재에 대한 오답정리 1순위 (모두 맞을때까지 반복! 또반복)		기출문제 본격적으로 시작							중간고사 대비학습	
재풀이 5~6강	재풀이 7~9강			재풀이 1-3강	재풀이 4-6강	재풀이 7-9강	재풀이 10-12강	재풀이 13-15강	재풀이 16-18강		재풀이 1-3강	재풀이 3-4강	재풀이 5-6강	재풀이 7-9강
				재풀이 1-2강	재풀이 3-4강	재풀이 5-6강	재풀이 7-9강							
유형 13-16	버퍼						재풀이 1-4강	재풀이 5-8강	재풀이 9-12강	재풀이 14-16강				
											STUDY 01.02	STUDY 03.04		중간고사
재풀이 7-8강	재풀이 1-2강	기말고사 범위반복			재풀이 1-4강	재풀이 3-6강	재풀이 2-8강						중간고사 범위반복	
0-12강	13-15강	기말고사 범위반복					재풀이 15-18강		재풀이 1-4강	재풀이 4-6강	재풀이 7-9강	재풀이 10-12강	재풀이 13-15강	재풀이 16-18강 중간고사 범위반복
											STUDY 01.02	STUDY 03.04	STUDY 05.06	STUDY 07.08
		목식 아직 안다줌(최초발간) 부족한 부분에서 학습진행						재풀이						
		목식 아직 안다줌(최초발간) 5과부분에서 학습진행						재풀이						
		2015년 9월	2014년 9월	2013년 9월	2012년 9월	2011년 9월								

상반기 목표

문법: 내신과 수능의 문법을 구별하지 말자! 중간고사 이후에 하는 마지막 문법 정리는 전과 마지막이기 때문에 문제 있는 것을 다 흡수한다는 마음으로 학습한다.
목표: 두개 이상 틀리지 않기

비문학: 지금의 올바른 학습법을 끝까지 유지한다. 마음이 급하다고 해서 기출문제만 살짝 푸는 행동은 금물! 한 지문을 3분 내로 푸는 연습 지속.
목표: 다 맞는다!

문학: 어느 작품의 갯수를 늘리는 것에 집착하지 말자 어차피 수능은 모르는 작품이 나온다! 처음보는 작품을 빠르게 분석하는 측면연습을 진행
목표: 현대문학만 1개 틀리기
내신: 무조건 1등급

단어: 능률보카 고교립수편으로 부족한 기초단어 완성하기. EBS 난어 모음집 미친듯이 반복하기. 빼이 달도록 보고 또본다!
목표: 어휘집 다 맞기

독해: 무조건 직독직해 연습! 한국어 어순대로 다시 해석하려고 하다가 시간 낭비하지 않기!
목표: 빈칸추론 빼고는 독해에서 틀리지 않는다!

어법: 어법은 더 이상 개념학습이 없다는 생각으로 총정리 진행! 스스로 문법 분석연습
목표: 어법문제 두개밖에 틀리기!

듣기: 영어 발음대로 공부하기 무조건 한번씩은 읽어보기(나문의 밤음기호로 꼭꼭씹지 않고)
목표: 다 맞기!!!!!! 무조건 듣기 틀리지 않기!!!!!!

수학: 기출문제 풀이는 여름방학 때부터이니까 그 전까지는 무조건 개념학습에 집중.
후행학습을 부끄러워하지 말고 성적을 올려주는 도구라고 생각하고 적극적으로 시행.
모든 문제집 5회독 반복학습 (혼자 푸는 맞을 때까지)
목표: 2-3점은 무조건 다 맞기! 객산실수나 식세우기실수는 절대로 범하지 말기

중기 계획 세우기

중기 계획이란 시험이나 방학 등 1, 2개월 단위의 특정한 기간을 위한 구체적 학습 계획을 말한다. 중기 계획은 짧은 기간 동안 집중하여 목표를 달성하는 계획이므로, 하루 단위의 세밀한 계획까지 고려해야 한다.

중기 계획을 세우기 위해서는 가장 먼저 특정 시기를 정해야 한다. 학사 일정은 1년을 두고 크게 방학 기간과 시험 기간으로 나눌 수 있다. 다음에는 주어진 기간 동안 성취해야 할 목표를 정한다. 이때 목표는 중간고사 수학 90점 이상 달성하기, 여름 방학 동안 영어 문법책 완성하기, 수학 3000문제 풀기 등과 같이 최대한 구체적으로 적는 것이 좋다.

목표를 정하고 나면 일정 기간 동안 공부해야 할 모든 교재를 적어 본다. 교과서, 자습서, 기본서, 문제집, 기출 문제, 프린트물 등이 여기에 해당한다. 요일별로 해야 할 공부를 배분하는데, 이 단계에서는 특히 전략적인 사고가 필요하다. 스스로 공부할 수 있는 시간은 어느 정도인지, 강점 과목과 약점 과목의 공부 시간이 균형 있게 분배되었는지, 학교 수업과 진도가 맞는지 등을 고려해야 한다.

월수금은 수학을 공부하고 화목토는 국어를 공부하기, 사회와 과학은 학교 수업이 있는 날만 공부하기, 영어 단어는 매일 20개씩 외우기 등 과목이나 요일별로 나만의 원칙을 세워서 실천하는 것도 좋은 방법이다.

마지막으로 잊지 말아야 할 점은 '버퍼 데이'를 넣는 일이다. 버퍼 데이란 특별한 이유가 생겨서 계획을 지키지 못할 것을 대비하여, 계획표 속에 미리 넣어 둔 여분의 시간을 말한다. 계획한 것이 한두 가지가 어긋나 전체 계획이 밀리기 시작하면 계획을 지키려는 마음이 사라지고, 점점 될 대로 되라는 심정에 빠지기 쉽다. 하지만 버퍼 데이를 정해 놓으면 중간에 어긋난 계획을 바로잡아 끝까지 계획을 완성할 수 있게 된다.

중기 계획 세우는 방법

❶ 학사 일정을 파악한다.

❷ 나에게 맞는 수준별, 유형별 교재를 선택한다.

❸ 학습 분량에 따라 공부 기간를 정하고, 과목별 우선순위를 고려하여 공부 순서를 정한다.

❹ 학기와 방학, 내신과 비내신 기간을 구별해 시기를 파악한다.

❺ 기간에 따른 목표를 정한다.

❻ 과목, 요일별 행동 목표를 설정한다.

❼ 밀린 학습을 마무리할 수 있는 '보충의 날'을 정한다.

중기 계획 학습 포트폴리오(학생 예시)

2016년도 2학기 기말 텀스케줄러

고등학교 2학년 ○○○

					11월2주							11월3주				
					9	10	11	12	13	14	15	16	17	18	19	20
					월	화	수	목	금	토	일	월	화	수	목	금
자기주도학습 시간					4	4	4	4	4	6		4(1)	4(1)	4(1)	4(1)	4(1)
점검할 주제					★공식법칙사고력							모의고사 리뷰				
과목	목표점수	교재 / 학습방법	소요시간	범위								모의고사				
국어	95	교과서, 자습서 챔프길잡이에 정리, 학교 필기 암기	1h	처용가.온달전.어이 못오던가.소대성전. 질명시.구마검.빼앗긴들.민세전.모닥불. 권태.눈.추억에서.삼 포.춘풍+연수고전시가		모닥불		권태		눈		추억에서		삼포		
		인터넷수능 작품분석하고, 문제풀이, 오답!	1h													
수학	80	개별지도 ㄴ수학>일품> 수능다큐>블랙라벨	1.6h	알고리즘순서도.무한수열의극한무한급수	일품 마무리		수능다큐 알고리즘		수능다큐 극한1/2			수능다큐 극한2/2		수능다큐 무한급수		블랙라벨 알고리즘
		개별지도 익힘책	1.6h													
		개별지도 숙제 꼭 노트에 풀이!	1.5h		개별지도숙제		개별지도숙제		개별지도숙제			개별지도숙제		개별지도숙제		
영어	93	개별지도 교과서>문제풀이 2회독 빈칸CT	1.6h	4~8과 모의고사	7과본문		8과문법		8과본문			8과본문		4과문제		
		개별지도 모의고사	1.6h													
		개별지도 숙제 본문암기확실히	1h		개별지도숙제	개별지도숙제		개별지도숙제				개별지도숙제		개별지도숙제		개별지도숙제
법과정치	100	셀파 개념정리 & 문제풀이	1.5h	5-1,2,3,4~6-1,2		5-4			5-4					6-1		
		1등급만들기 오답 3회독 꼭!	1h													
세계지리	95	학교 프린트 필기복습&마인드맵& 암기	1h	4-1,2,3,4,5~5-1,2,3,4	5-2			5-2		5-3		5-3			5-4	
		셀파 문제풀이&오답풀이	1h													
세계사	90	학교 프린트 필기복습&암기	1h	6-2,3,4~7-1,2,3,4~8-1,2,3	7-3		7-3		7-4	7-4		8-1		8-1		8-2
		하이라이트 핵심 문제풀이&오답	1h													6단원 문제1/2

15일(일) 열 전체: Buffer Day

꼼꼼하게 공부하고, 120% 실천하기!

주차: **11월4주** / **12월1주** / **12월2주**

좌측 끝 부분 열(23일 이전, 일부 잘림): 교시 `4(1)`, 수학 `블랙라벨 극한 1/2`, 총정리 `4단원 문풀`, 세계사 `단원 문풀 2/2`

	23	24	25	26	27	28	29	30	1	2	3	4	5	6	7	8	9	10	11	12
요일	월	화	수	목	금	토	일	월	화	수	목	금	토	일	월	화	수	목	금	토
교시	4(1)	4(1)	4(1)	4(1)	4(1)	6(1)	7(1)	4(1)	4(1)	4(1)	4(1)	4(1)	7(2)	7(2)	4(2)	4(2)	5(2)	5(2)	6(2)	6(2)
자가학습	★자가학습시간							★지난시험 돌아보기							시험직전 학습계획 및 과목별 코칭					
Open							Open							Open	MIRROR DAY					
국어①								자습서문제풀이 +교과서 학습활동 복습						추가 프린트 문제풀이					국어	
국어②		인수고 전시가2		인수고 전시가3		인수고 전시가4	인수고 전시가5	틀린 문제 2회독 작품 주요내용 암기										총정리	국어	
수학①	블랙라벨 극한 1/2	블랙라벨 극한 2/2		블랙라벨 급수 1/2				블랙라벨 급수 2/2		블랙라벨 2회독		블랙라벨 2회독			수능다큐 2회독		수능다큐 2회독		연속 콤마 / 총정리	수학
수학②								알고리즘		극한 1/2		극한 2/2			무한급수 1/2		무한급수 2/2			
수학③		개별 지도 숙제		개별 지도 숙제		개별 지도 숙제			개별 지도 숙제		개별 지도 숙제		개별 지도 숙제			개별 지도 숙제				
수학④		6과 문제		7,8과 문제							4~5 2회독		6~8 2회독							
연속콤마①						모의 1/2			모의 2/2				모의 변형						연속 콤마 / 총정리	
연속콤마②			개별 지도 숙제		개별 지도 숙제		개별 지도 숙제			개별 지도 숙제		개별 지도 숙제		개별 지도 숙제						
법과정치①		6-2				6-2	5단원 문제 1/2	5단원 문제 2/2		6단원 문제		5단원 암기		6단원 암기		오답풀이 2회독		총정리	법과 정치	
법과정치②			5단원				5단원					6단원		6단원		오답풀이 3회독				
총정리①			4단원 암기 1/2					4단원 암기 2/2		5단원 암기 1/2		5단원 암기 2/2		암기복습					총정리	
총정리②			4단원 문풀			5단원 문풀		5단원 문풀		틀린문제다시보기 OR 추가문제풀이										
세계사①		8-3		6단원 암기	7단원 암기 1/2	7단원 암기 2/2		8단원 암기 1/2				8단원 암기 2/2					암기복습		총정리	세계사
세계사②					7단원 문풀 1/2	7단원 문풀 2/2				8단원 문풀 1/2	8단원 문풀 2/2		오답풀이							

일일 계획 세우기

일일 계획이란 하루 공부 분량을 시간 대비 분량으로 나누어 계획하는 것이다. 즉, 오늘 공부해야 할 시간을 구체적으로 정하고 그 시간 동안 해야 할 교재와 분량을 정확하게 배분하는 것을 말한다. 중장기 계획에 이미 결정되어 있는 것을 하루 단위로 쪼개면 그것이 바로 일일 계획이다.

매일 계획된 공부를 하게 되면 해야 할 목표가 시간대별로 분명하기에 실천력이 높아진다. 매일 공부한 흔적이 남기 때문에 나만의 공부 스타일도 파악할 수 있다. 이처럼 한 과목을 공부하기 위해 얼마나 많은 시간이 필요한지를 과목별로 알고 있는 것은 앞으로 해당 과목의 전략을 세우는 데 중요한 자료가 된다. 또한 하루 동안 목표를 얼마나 달성했는지 꾸준히 점검하면서 느슨해지는 의지와 태도를 다잡는 계기가 될 수 있다.

일일 계획을 세우는 일은 규칙적으로 습관화시키는 것이 좋다. 하루가 시작되기 전에 세워 놓는 것이 좋은데, 보통 전날 밤 잠들기 전이나 아침에 등교하자마자 세우는 습관을 들인다. 또한 일일 계획을 세울 때는 자신의 상황을 정확히 아는 것이 필요하다. 내가 지킬 수 없을 정도로 과도한 계획은 나를 좌절하게 만들고, 지나치게 낮은 목표는 나를 성장시킬 수 없다. 약간 빠듯하다는 느낌이 들 정도 즉, 내 능력의 120% 정도를 계획으로 세우고 그중 70% 이상 지키는 것을 목표로 하는 게 좋다.

일일 계획 세우기

❶ 구체적으로 세우기
- 언제 : 실행 기간과 마감 기간을 꼭 정한다.
- 무엇을 : 공부할 과목, 소단원, 책 페이지를 정한다.
- 어떻게 : 과목마다 공부 방법을 구체적으로 정한다.

❷ 시간 단위가 아닌 분량 단위로 세우기
- 국어 1단원 개념 정리(교과서 10p~16p) – 30분 소요
- 수학 1단원 문제 풀기(문제집 8p~14p) – 40분 소요

❸ 우선순위를 생각하여 세우기
- 1순위 : 중요하고 긴급한 일
- 2순위 : 중요하지만 긴급하지 않은 일
- 3순위 : 중요하지는 않지만 긴급한 일
- 4순위 : 중요하지 않고 긴급하지 않은 일

중기 계획에 '버퍼 데이'가 있다면 일일 계획에는 '버퍼 시간'이 있다. 구멍 난 계획을 메워 줄 버퍼 시간은 주로 주말에 배정하는 것이 좋다. 마지막으로 매일 공부를 마무리하는 단계에서 내가 세웠던 계획과 실제 실행한 결과를 비교해 보며 자신의 하루를 반성한다. 계획을 통해 하루를 반성하는 습관을 가져야 발전이 가능하기 때문이다.

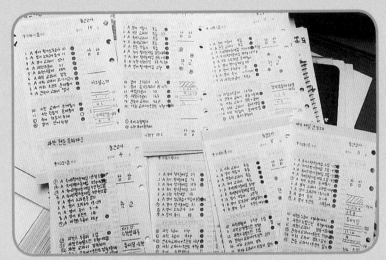

일일 계획표 (학생 예시)

희진이의 일일 계획표

다시 희진이의 이야기로 돌아가 보자.

장기, 중기, 일일 계획을 바탕으로 희진이는 자신의 공부 전략을 다시 세웠다. 먼저 생각이 많이 필요한 과목이나 단원은 가장 집중이 잘되는 시간대에 배치했고, 오답노트나 단어장 정리처럼 비교적 단순한 작업들은 집중력이 떨어지는 시간에 배정했다. 또한 인터넷 강의를 듣는 시간만을 계산했던 예전 방식을 버리고 강의와 강의 후 복습, 그리고 정리하는 시간까지 인터넷 강의 시간으로 계획했다. 가령 강의를 1시간 들었으면 1시간 이상의 복습 시간을 함께 묶는 것이다. 문제 풀기에 급급했던 모의고사 풀이도 채점과 오답노트 정리까지 실천하기로 했다. 오답노트를 통해 취약한 부분을 밝혀내니 아무리 문제를 풀어도 고정되어 있던 모의고사 점수가 조금씩 변화하기 시작했다.

희진이의 계획표에는 예전에 비하여 해야 할 공부 목록이 줄어들었다. 하지만 중요한 사실은 희진이의 계획표에 어느새 X표시보다 O표시가 훨씬 더 많아졌다는 것이다. 그리고 2학년 중간고사, 희진이는 드디어 지긋지긋한 80점대 초반의 점수를 탈출하고 평균 95점대로 상위권 진입에 성공했다.

3장

★

1등이 되는 학습 방법

성적은
올바른 학습법으로
공부할 때 오른다

"빠르고 쉬운 공부법
어디 없나요?"

오늘 자습 시간에도 반 아이들은 모두 열심히 공부를 하고 있다. 단 한 사람, 나만 빼고 말이다. 나는 다른 아이들처럼 문제집을 주구장창 푸는 대신 어제 산 책을 폈다. 『수학 천재 따라잡기』라는 공부법 책인데, 어떻게 하면 시간을 절약하면서도 핵심 문제만 쏙쏙 골라 풀 수 있는지 그 비법을 담고 있다. 게다가 저자도 공부법 분야에서 아주 유명한 사람이라 믿을 만하다. 왜 이런 걸 진작에 몰랐을까? 비법만 알았다면 오랜 시간 동안 앉아 공부하지 않아도 되었을텐데 말이다.

이 책을 처음 알게 된 건 우리 학교 전교 1등 덕분이다. 지난주 토요일, 그 애가 도서관에서 이 책을 빌리는 것을 보고 얼른 따라 샀다. 역시 천재들끼리는 뭔가 통하는 게 있나 보다.

책을 보니 그동안 내 수학 성적이 왜 이리 나빴는지 알 것 같았다. 난이도 높은 심화 문제에 도전해야 실력이 느는데 나는 매일 기본 개념만 익혔던 것이다. 쉬운 문제만 맨날 푸니까 원리에 도달하지 못한 거다. 이제 기본 개념을 완전히 이해하지 못했더라도 바로 심화 문제로 넘어가야겠다. 중간고사 때까지 시간도 얼마 안 남았는데, 기본부터 다지겠다고 개념만 붙잡고 있는 건 어리석은 짓인 것 같다.

★ ★ ★ ★ ★ ★ ★ ★

05 공부는 결국 요령보다 정공법이다

★ ★ ★ ★

공부에 왕도는 없어도 절차는 있다

학습법에 목숨 건 학생들이 있다. 이 세상 어딘가에 빨리 쉽게 공부할 수 있는 비법이 숨겨져 있고, 그 비결만 발견하면 한 방에 인생 역전이 가능하다고 생각하는 학생들. 그런 학생들은 실제 공부하는 시간보다 공부법 책을 읽는 데 더 많은 시간을 쓰기도 한다. 요즘은 워낙 '공부는 이렇게 하는 것이다'라는 비결을 폭로하는 고수들의 가르침이 넘쳐 나는 세상이니 그럴 수도 있을 것 같다.

결론부터 말하자면 공부에는 요령과 변칙이 없다. 오로지 정공법만 있을 뿐이다. 하나의 지식을 머릿속에 완전하게 입력시키기 위해서는, 반드시 제대로 된 절차를 밟아야 한다. 한두 가지 과정을 마음대로 빼 버리면 꼭 그 자리에서 구멍이 난다. 공부 잘하는 학생들은 의식하지 않아도 자동으로 그 순서에 따라 공부하고 있다. 모든 문제집 역시 그 순서대로 구성되어 있으며, 이를 자연스럽게 학생들에게 일러 주고 있다.

그렇다면 공부한 내용을 나의 것으로 소화하는 순서는 무엇일까? 낯선 지식을 차근차근 내 것으로 만들어 가는 과정 속에는 다음과 같은 다섯 가지의 절차가 숨어 있다.

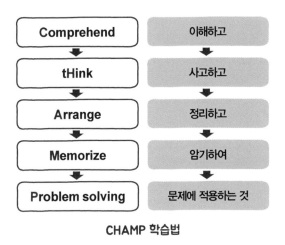

CHAMP 학습법

일단 교재에 제시된 표면적인 내용을 이해하고, 그 이후에는 받아들인 내용에 대해서 내 나름대로 깊이 원리를 생각해 본다. 그런 다음 생각한 내용을 잘 정리하고, 그중 외워야 할 것을 가려 외우고, 외운 내용이 성공적으로 이해되었는지 문제를 풀면서 점검해 보는 것이 그 과정이다. 이 과정을 줄여 'CHAMP 학습법'이라고 부른다.

모든 문제집은
CHAMP 학습법의 순서를 따른다

1. 이해 (Comprehend)

이해의 과정은 용어의 뜻을 정확히 파악하여 받아들이는 단계이다. 그러기 위해서는 일단 한자로 된 용어는 한자를 분석하여 단어를 이해해야 한다. 이해의 단계는 전체 공부에서 가장 중요한 기초 단계이다. 충분한 시간을 써서 개념이 완전히 이해될 때까지 공부해야 한다.

2. 사고 (tHink)

기본적인 내용이 이해가 되었다면 그 내용에 대해서 다시 한 번 깊이 생각해 보는 과정이다. 주어진 내용에 대해 '왜?'라는 질문을 던지며 비판적 자세로 공부한다. 한 개념을 끝까지 파고드는 공부를 해야 한다. 문제가 주어졌을 때 쉽게 답을 보지 않고, 다양한 관점에서 문제를 분석하고 생각을 이리저리 확장해 보는 단계이다. '왜 그러한가?'라는 질문을 던졌으면 스스로 그것에 대하여 대답을 해 보는 연습을 한다.

3. 정리 (Arrange)

배운 내용을 전체적으로 일목요연하게 배열하는 단계이다. 교재의 목차를 확인하며 새로 알게 된 내용이 무엇인지를 머릿속에 정리하는 과정이기도 하지만, 알아보기 쉽게 자기만의 노트를 만든다거나 주요 교재를 정리하여 단권화하는 과정도 여기에 해당한다.

4. 암기 (Memorize)

책을 덮고도 배운 내용을 술술 얘기할 수 있을 정도로 외우는 단계를 말한다. 외운 내용이 오래 유지되려면 껍데기만 겨우겨우 외워서는 소용이 없다. 깊이 있는 사고를 통해 내용을 완벽하게 이해한 뒤에 정보를 외워야만 오래도록 지속될 수 있다. 암기해야 할 지식의 종류에 따라 다양한 암기법이 있다. 스토리를 만들어 외운다거나, 두 문자를 이어 외우기, 노래로 외우기 등 여러 가지 방법이 있으나 자신에게 가장 효과적인 방법을 찾아 외우는 것이 좋다.

5. 문제 해결 (Problem solving)

자신이 공부한 것이 맞는지 문제를 통해 점검해 보는 시간이다. 문제를 접하면 가장 먼저 이 문제가 묻고 있는 핵심 의도가 무엇인지를 파악해야 한다. 앞서 공부한 내용 중에서 어떤 내용을 확인하고 싶은 것인지 알아야 그에 맞는 정답을 제시할 수 있다. 여러 겹으로 복잡하게 꼬아 낸 문제일수록 출제자의 의도가 무엇인지 잘 생각해야 한다. 중요한 개념에 대해서는 보통 다양한 유형으로 문제가 출제된다. 그러므로 주요 유형의 문제는 모두 경험할 수 있도록 충분한 유형의 문제를 접해 보아야 한다. 문제를 푼 후에는 잘 이해되지 않았던 유형을 따로 표시하여 알 때까지 복습한다.

CHAMP 학습법의 순서대로 구성된 문제집

❶ 개념설명 (이해)

B 정치권력의 원천과 주체 ⑤

1 정치권력의 의미와 특징

(1) 정치권력 : 국가 기관이 정치적 기능을 수행하기 위해 행사하는 힘

(2) 정치권력의 특징 ← 구성 원의 동의와 지지를 얻었을 때 정당하게 행사할 수 있어.

① 강제성 : 모든 개인과 집단이 정해진 규칙이나 행동에 따르도록 재제할 수 있음 ← 따르지 않을 경우 국가는 법에 따라 처벌할 수 있어.

② 독점성 : 국가에게만 사용할 수 있는 권한이 주어짐

③ 포괄성 : 한 국가 내의 모든 개인과 집단을 포괄적으로 지배할 수 있음

④ 지속성 : 권력을 가진 사람이 바뀌어도 지속적으로 존재함

한눈에 쏙쏙

정치권력의 원천과 주체

정치권력
국가기관이 정치적 기능을 수행하기 위해 행사하는 힘

원천	주체의 변화
• 전통이나 관습	특정한 개인
• 개인 의 카리 스마	(부족장, 왕)
• 계약과 합의, 법률과 제도, 시민 의 동의 와 지지	↓ 시민

❷ 숨은 의미에 대한 해설 (사고)

❸ 내용 요약 (정리)

1. ☐☐는 모든 사회 집단 안에서 발생하는 문제들을 합리적으로 해결해 가는 과정이다.
2. 정치는 개인이나 집단 간의 대립이나 갈등을 조정하고 해결하여 ☐☐ ☐☐을 이룬다.
3. 절대 왕정 시기의 왕은 ☐☐☐☐☐을 바탕으로 절대 권력의 주체가 되었다.
4. 시민 혁명 이후 ☐☐은 정치권력에 정당성을 부여하고 유지하게 하는 주체가 되었다.

핵심 문제

❹ (암기)하여 푸는 확인 문제

│ │ 정치권력에 대한 설명으로 옳지 않은 것은?

① 권력을 가진 사람이 바뀌면 사라지는 힘이다.

② 사회 질서를 유지하기 위해 국가가 행사하는 힘이다.

③ 한 국가 내의 모든 개인과 집단을 포괄적으로 지배할 수 있는 힘이다.

④ 개인이나 집단이 정해진 규칙이나 행동에 따르도록 제재할 수 있는 힘이다.

⑤ 국가 기관이 정치적 기능을 수행하기 위해 사람들의 행위를 규율할 수 있는 힘이다.

❺ (적용)하여 푸는 응용 문제

과목별 CHAMP 학습법

1. 국어에서의 CHAMP 학습법

국어 과목에서는 기본적으로 어휘력을 쌓는 것이 중요하다. 풍부한 어휘력이 바탕이 되어야 어떤 종류의 글이든지 빠르고 정확하게 이해할 수 있다. 동시에 문장 이해력을 길러 지문을 읽고 글의 핵심을 간파하는 능력을 길러야 한다. 이 두 가지에 중점을 두고, 국어에서의 CHAMP 학습법을 간단히 표로 정리하면 다음과 같다.

C	❶ 글의 갈래와 그에 따른 특징을 파악하기 ❷ 용어와 어휘의 뜻 파악하기
H	❶ 글의 주제와 단락별 중심 내용 찾기 ❷ 지문 세부 특징, 표현 등 내용 분석하기
A	❶ C−H 학습 내용 교과서에 정리하기 ❷ 보충 내용 교과서에 옮겨 정리하기
M	❶ 중요 암기 사항 선별하여 암기하기 ❷ 암기한 내용 확인하기 – 백지 테스트하기, 설명해 보기
P	❶ C−H−A−M 학습 내용 적용하여 문제 해결하기 ❷ 문제 되돌아보기를 통해 최종 미무리하기

2. 수학에서의 CHAMP 학습법

수학을 잘하는 학생들은 경우에 따라 외우지 못한 공식조차 유도하며 문제를 풀어낸다. 외우기도 힘든 공식을 스스로 만들어 내는 것은 어떻게 가능할까? 이것은 공식과 법칙이 만들어진 원리를 이해했기 때문이다. 수학 과목에서는 공식과 법칙이 나오기까지의 과정을 증명하며 이해하는 학습이 중요하다.

C	❶ 용어, 정의, 기호의 뜻 파악하기 ❷ 용어, 정의, 기호를 사용하여 익숙해지기
H	❶ 성질, 법칙, 정리 증명하기 ❷ 공식 유도하기
A	❶ 목차를 보며 단원간의 연계성 파악하기 ❷ 풀이 과정을 정리하면서 풀이하기 ❸ 오답 정리하기
M	❶ 중요사항을 C−H를 바탕으로 한 암기하기 ❷ 풀이 과정 암기하기
P	❶ 문제를 이해하고 문제 풀이 아이디어 적어 보기 ❷ 실전처럼 문제 풀어 보기 ❸ 문제 되돌아보기를 통해 최종 마무리하기

3. 과학에서의 CHAMP 학습법

과학 과목에서 현상에 대한 이해를 돕기 위하여 다양한 실험이 실시되고, 각종 데이터가 그래프의 형태로 제시된다. 따라서 과학 과목에서는 실험과 그래프를 해석하는 사고력이 매우 중요하다. 보통 그래프와 실험 속에는 각 단원의 핵심 개념이 담겨 있기에, 이것에 대한 해석을 통해 단원의 중요한 원리를 파악할 수 있다.

C	❶ 용어의 뜻과 기본 개념 파악하기
	❷ 공식, 실험 파악하기
H	❶ 현상의 원인과 결과 파악하기
	❷ 학습 목표/그림/그래프/실험/공식을 본문과 연관 지어 학습하기
A	❶ 기본서 단권화하기
	❷ 서브 노트 만들기
	❸ 오답 정리하기
M	❶ 중요 사항 C−H를 바탕으로 한 암기하기
	❷ [학습 목표/그림/그래프/실험 과정 − 결과] 직접적으로 또는 관련된 내용 설명해 보기
P	❶ 개념 이해가 잘 안 될 때 문제부터 풀어 보기(공식 이해)
	❷ C−H−A−M 학습 내용 적용하여 문제 해결하기
	❸ 문제 되돌아보기를 통해 최종 마무리하기

4. 사회에서의 CHAMP 학습법

대표적 암기 과목으로 손꼽히는 사회 과목은, 사실 사고력이 필수적인 과목이다. 사회 과목에서는 글로 설명할 수 없는 메시지를 도표나 지도에 담아내기에, 단원의 핵심 콘텐츠를 도표나 지도에 연결하여 이해하는 습관을 길러야 한다.

C	❶ 용어의 뜻 파악하여 용어가 사용된 사례 만들기
	❷ 기본 개념 파악하기
H	❶ 사회 현상과 원인에 대해 파악하기
	❷ 학습 목표/그림/지도/목표를 본문과 연관 지어 학습하기

A	❶ 기본서 단권화하기 ❷ 서브 노트 만들기 ❸ 오답 정리하기
M	❶ 중요 사항 C−H를 바탕으로 암기하기 ❷ [학습 목표/그림/지도/도표] 직접적으로 또는 관련된 내용 설명해 보기
P	❶ C−H−A−M 학습 내용 적용하여 문제 해결하기 ❷ 문제 되돌아보기를 통해 최종 마무리하기

5. 영어에서의 CHAMP 학습법

학년이 올라갈수록 영어의 문장 구조가 길고 복잡해지기에 지문 해석에 어려움을 호소하는 학생들이 많다. 영어는 우리말과 어순이 전혀 다르기 때문에, 보다 빠르고 정확하게 해석하기 위해서는 '끊어 읽기'와 '직독직해' 연습을 중점적으로 해야 한다.

C	❶ 용어의 한자어 파악하기 ❷ 단어 뜻 파악하기
H	❶ 구문 하나하나 꼼꼼히 분석하기 − 끊어 읽기와 직독직해
A	❶ 문법의 내용을 도식화하기 ❷ 나만의 자료 − 문법 노트, 영어 단어장 만들기
M	❶ 문법 사항을 C−H를 바탕으로 한 암기하기 ❷ 단어, 숙어 암기한 후 백지 테스트로 확인하기
P	❶ 문법, 어휘, 독해 문제에 적용하여 풀어 보기

"무슨 말인지 몰라서 그냥 다 외워 버려요"

시험이 2주밖에 남지 않았다. 미리 공부를 했어야 했는데 도저히 시간이 없다. 이럴 줄 알았으면 수업 시간에 좀 열심히 들어 둘걸.

하지만 생각해 보니 수업을 열심히 듣는다고 해서 크게 달라지진 않았을 거다. 애당초 선생님이 무슨 말을 하는지 알아듣질 못하니까. 특히 과학 선생님은 꼭 외계어를 쓰는 것만 같다.

쏟아지는 잠을 쫓으며 책에 집중해 보지만 화학적 단위? 입자? 원자핵? 전자? 무슨 말인지 하나도 모르겠다. 또 결국 그냥 외워 버리기로 한다. 중요한 건 이게 과학만의 문제가 아니라는 거다. 역사도 무슨 말인지 모르겠고, 그중에서도 국어는 진짜 최악이다. 국어는 내가 제일 못하는 과목이다. 지난 중간고사 때 국어 공부에 거의 올인했다. 교과서도 달달 외웠고 학원에서 뽑아 준 예상 문제도 모조리 풀어 봤다. 모르는 단어가 너무 많긴 했지만 나름대로 최선을 다했다. 그치만 결과는 완전히 망했다! 이상하게 내 짝꿍 정은이는 국어 공부를 별로 하지도 않는데 항상 좋은 점수를 받는다. 쉬는 시간이나 점심 시간에 맨날 책만 읽어서 그런가? 책에서 시험 문제가 나오는 것도 아닌데 그게 무슨 상관일까?

★ ☆ ★ ☆ ★ ☆ ★

06 더 많이, 더 빨리, 더 꼼꼼히 습득하라

★ ★ ★ ★

어휘력 늘리기

진수의 가장 큰 학습 장벽은 심각할 정도로 낮은 어휘력이었다. 모르는 단어가 많으니 내용을 따라갈 수가 없는 것이다. 진수에게 역사 교과서의 한 단락을 보여 주며 모르는 단어에 밑줄을 치라고 했더니 다음과 같았다.

왕건은 해상 무역으로 성장한 송악의 호족이었다. 궁예의 신하가 된 후 금성을 점령하여 후백제를 견제하는 등 많은 공을 세워 최고 관직인 시중의 지위에 올랐다. 궁예는 계속되는 전쟁과 많은 세금으로 민심을 잃었으며 살아 있는 미륵불을 자처하면서 나라를 무리하게 이끌어 갔다. 이에 신하들은 궁예를 몰아내고 왕건을 왕으로 추대하였다. 태조 왕건은 고구려 계승 의지를 내세워 국호를 고려라 정하고, 자신의 세력 근거지인 송악으로 도읍을 옮겼다. 태조는 우선 결혼 정책이나 왕 씨 성을 하사하는 정책 등을 활용하여 여러 지역의 호족을 적극 끌어들였다.

[신사고 중학교 《역사①》 중에서]

고작 한 단락에서 모르는 단어가 18개나 나왔다. 모르는 단어가 많으니 학교에서 수업 시간에 배운 내용을 따라가지 못하는 것은 당연했다. 할 수 없이 진수는 단어들을 모조리 암기해 버렸다. 그것이 진수가 시험에 대비할 수 있는 유일한 방법이었다. 운 좋게 생각이 나면 답을 맞히고, 단어가 조금만 바뀌어도 문제를 틀리곤 했다.

진수와 같은 학생들은 대부분 '공부를 한다는 것'의 의미를 잘못 알고 있는 경우가 많다. 공부란 글자를 외우는 일이 아니라 그 내용을 나의 말로 이해할 수 있는 상태로 만드는 것이다. 그리고 여기에 반드시 필요한 힘은 글을 읽고 잘 이해할 수 있는 능력, 다시 말하면 '문장 이해력'이다.

무슨 과목이든 상관없이 모든 글의 기본 단위는 문장이며, 이 문장은 여러 단어로 이루어져 있다. 그러므로 글을 빠르게 읽고, 정확하게 이해하기 위해서는 우리말 어휘력이 풍부해야 하고, 풍부한 어휘력을 바탕으로 많은 글을 읽는 훈련이 되어 있어야 한다. 특히 한자를 많이 알면 한자어로 된 낯선 단어를 금세 이해하여, 빠른 독해가 가능하고 공부 속도도 빨라진다. 추상적인 단어는 관념적인 개념에 대한 사고력이 없으면 그 의미를 이해하기 어렵기에, 어려운 단어를 많이 알고 있다는 것 자체가 고차원적 생각을 많이 경험했다는 의미가 된다. 따라서 난이도 높은 어휘를 많이 알면 알수록 공부에 필요한 사고력도 함께 늘어난다. 실제로 언어 영역의 고득점자 중에도 항상 사전을 곁에 두고 모르는 단어를 확인한 뒤에 넘어가는 습관을 지닌 학생들이 많다.

어휘력을 늘리는 방법

❶ 교과서에 나오는 단어는 반드시 정복하고 넘어간다.

교과서란, 해당 학년의 학생이 기본적으로 알고 있어야 하는 어휘들이 선별되어 이루어진 책이므로 교과서에 나오는 필수 어휘는 꼭 뜻을 익힌다.

❷ 국어 과목도 단어장을 만든다.

글 읽기를 통해 자연스럽게 익힐 수 있는 단어는 한정적일 수밖에 없다. 국어 어휘와 관련된 교재 한 권을 읽으며 나만의 단어장을 만들어 본다.

❸ 규칙적으로 다양한 지문을 읽는다.

학습 계획에 반드시 독서 시간을 할당하고, 매일 다양한 지문을 조금씩 읽는 습관을 들인다.

❹ 짧은 글짓기를 해 본다.

아무리 봐도 생소하여 입에 붙지 않는 단어들은 간단한 짧은 글짓기를 해 본다. 어려운 단어일수록 일상적인 평범한 상황에 녹여서 문장을 만들어 보면 더 쉽게 이해된다.

중학생이 되면 초등학생 때에 비하여 본격적으로 어려운 내용을 자주 접하게 된다. 많은 학생들이 처음으로 중학교 교과서를 받아 보고 당황하는 이유도, 교과서에 쓰인 글이 갑자기 어렵게 느껴지기 때문이다. 고등학생이 되기 전에 틈틈이 다양한 지문과 기초 문학 작품을 두루두루 읽어 두자. 이때 쌓은 어휘 실력이 고등학교 공부를 위한 밑거름이 되기 때문이다. 어휘력이 낮으면 직접적으로는 수능 국어 영역에서 결코 좋은 점수를 받을 수 없다. 고급 어휘가 가득한 긴 지문을 한정된 시간에 정확하게 이해하고 정답까지 골라내기 위해서는 적어도 단어의 뜻을 몰라 주춤거려서는 안 된다. 속담, 고사성어나 다양한 관용어구까지 세심하게 공부해야 한다.

고등학생의 어휘력은 단지 국어 영역의 점수만 좌우하는 것이 아니다. 사회, 과학은 말할 것도 없고, 수학이나 심지어 영어조차 어휘력이 부족한 학생은 어려움을 겪는다. 앞서 말한 것처럼 어휘력은 단지 암기의 영역이 아니라 학생의 기본적인 공부 자질 즉, 사고력과 연관되어 있기 때문이다.

문장 이해력 키우기

국어 시험지를 채점하고 나서 유독 불만을 토로하는 학생들이 있다. 정답을 확인하고 나서도 자기의 답이 맞다고 우기는 학생들이 대표적인 예다. 국어 과목은 정답이 명확한 수학 과목과 달리 생각하기에 따라 이것도 저것도 다 답처럼 느껴지는 경우가 많다. 그러나 국어 과목에도 분명 정답이 존재한다. 그 정답에 접근하기 위해 가장 필요한 것은 '보편타당한 논리적 사고를 하는 훈련'이다.

지문의 내용이 나의 생각과 다를 경우 자신의 선입견이 끼어들 여지가 더 많다. 이럴 때는 개인적인 의견을 배제한 채 객관적으로 사고하기 위해 노력해야 한다. 그러기 위해서는 문제를 풀 때, 그것이 정답이라고 생각하는 명확한 이유를 찾은 후에 답을 고르는 것이 좋다. 문제집의 여백에 판단의 근거를 간단하게라도 적어 보자. 더불어 자신이 틀린 문제나 맞더라도 찍어서 맞힌 문제는 정답을 반드시 확인해야 하는데, 그럴 경우 자신이 정답이라고 확신한 근거와 해설지에 설명되어 있는 정답의 근거를 대조할 수 있게 된다. 이 확인의 과정이 반복될 경우, 조금씩 자신의 사고 흐름에 어떤 문제가 있는지를 파악할 수 있게 될 것이다.

이와 더불어 갖추어야 할 것이 바로 핵심을 간파하는 능력이다. 일반적으로 전개되는 글이 내용적으로 구분할 필요가 있을 경우 단락을 나누게 된다. 따라서 하나의 단락 속에는 하나의 중심 내용이 담겨 있는 셈이다. 개별 단락의 핵심 내용을 찾아내고, 찾아낸 주제 문장에는 밑줄을 긋는 연습을 해 보자. 그 핵심 문장들을 통합적으로 이해하면 글 전체의 주제가 보일 것이다.

빠르게 내용을 파악하기 위한 글 읽기 습관

❶ 글에서 자주 나오는 단어나 용어, 구절 등을 집중하며 읽는다.

❷ 문단의 첫 문장이나 끝 문장에는 단락의 주제가 숨어 있을 가능성이 높으므로 주의하며 읽는다.

예시) 우리는 살아가면서 수많은 갈등을 겪는다. 작게는 수업 준비물을 가져오지 않아 집에 갔다 와야 할지 그냥 옆 반 친구에게 빌릴 것인지 고민하기도 하고, 크게는 한 명의 이성 친구를 놓고 친한 친구와 삼각 관계에 빠지기도 한다. 중학교를 졸업할 즈음에는 어떤 고등학교에 가야 할지 고민한다.

❸ 문장의 내용이 어떻게 전개되는지를 살피며 읽는다.

예시) 백제를 멸망시킨 후, 신라와 당은 고구려에 대한 공격을 서둘렀다. (중략) 그러나 고구려는 수·당과의 계속된 전쟁으로 국력의 소모가 컸으며, 연개소문의 독재와 지도층의 내분으로 어려움이 겹쳤다. 이러한 기회를 틈타 나·당 연합군은 평양성을 함락시켜 고구려를 멸망시켰다.

❹ 단락을 읽고 나면 그 단락의 주제 문장을 찾아 밑줄을 긋는다.

예시) 문자가 하나 이상의 의미를 지니면서 인간이 기록할 수 있는 의미는 점차 풍부해졌다. 그러나 인간은 점점 더 다양한 내용들을 보다 정확하게 기록하고자 했으며, 그때마다 그 의미를 나타내기 위하여 새로운 문자를 창안해 내었다. 그러나 문자의 수가 많아지면서 편리한 점도 있지만, 각 문자와 그 의미를 외워야만 하는 불편함이 커졌다. 이러한 문제는 대표적인 표의 문자인 '한자'의 경우를 생각해 보면 쉽게 이해할 수 있다.

❺ '왜냐하면'이나 '예를 들면'같은 삽입구를 잘 살펴본다.

예시) 작가도 작품을 쓸 때에는 독자를 염두에 두고 써야 한다. <u>왜냐하면,</u> <u>독자들은 자기의 생각을 반영하면서 책을 읽고, 그 결과 하나의 문학 작품도</u> <u>독자에 따라 다르게 이해될 수 있기 때문이다.</u> 이런 점에서 문학은 작가만의 것도 아니고 독자만의 것도 아니다.

❻ 글쓴이의 의도를 생각하며 결국 글 전체의 주제가 무엇인지 생각해 본다.

배경지식 넓히기

공부라는 것은 끊임없이 새로운 내용을 머릿속에 쌓아 가는 일이다. 그러므로 낯선 지식을 누가, 얼마나 많이, 얼마나 빨리, 얼마나 꼼꼼하게 받아들일 수 있는지가 공부를 잘하기 위한 궁극적인 열쇠다.

사실 우리가 배우는 내용들 중에는 완전히 새로운 것이 거의 없다. 새로운 지식은 알고 있는 지식을 발판 삼아, 기존의 공부를 통해 깔아 놓은 지식의 진입로를 따라 들어온다. 즉, 이미 알고 있는 내용을 확장하며 지식이 조금씩 깊고 넓어지는 것이다.

그렇기 때문에 새로운 지식이 들어올 수 있는 진입로의 개수가 많고, 그 길의 폭이 넓은 사람일수록 무언가를 새로 받아들이기가 쉽다. 복습이 철저해서 전 학년에 배운 내용이 잘 보존되어 있는 학생이나 평소에 책을 많이 읽어서 상식이 풍부한 학생일수록 새로운 것을 배우는 것이 쉽다. 모르는 내용보다 아는 내용이 귀에 잘 들어오는 것이 당연하니 수업 시간에 집중도 잘 된다. 이것은 공부에 대한 자신감과도 연결된다. 새로 진도를 나갈 때마다 당황하는 일 없이 내용을 받아들일 수 있기 때문이다. 이미 만들어 놓은 바탕 지식 위에 새로운 지식을 쌓아 올리는 것이기에 이해도 쉽고 잘 잊어버리지도 않게 된다.

그렇다면 어떻게 해야 배경지식을 넓힐 수 있을까? 우선 가장 기본적인 '기반 학습'과 '후행 학습'을 병행하는 것이 중요하다. 기반 학습은 그야말로 학습의 기반을 이루는 지식을 말한다. 가장 대표적인 것이 어휘력이다. 어휘력이란 말 그대로 많은 단어를 알고 있는 것이다. 단어는 그 자체가 이미 하나의 지식이다. 단어의 개념 속에 세상과 문화에 대한 상식이 다 담겨 있기 때문이다. 또한 어휘는 지식을 담는 그릇이기도 하다. 모든 지식은 언어를 통해 축적되고 전승된다. 많은 단어를 알고 있는 사람이 배경지식이 넓다는 것도 사실이고, 배경지식을 더 넓히기 위해서는 많은 단어를 알아야 한다는 것도 진리다.

후행 학습은 다음 진도를 나가기 위한 실질적인 배경지식이 되어주는 전(前) 단계 학습에 대한 복습을 말한다. 이전에 배운 내용과 다음에 배우는 내용을 연결시켜 나아가는 것이 공부의 과정이기에, 앞에서 배운 내용을 잘 이해하지 못하면 다음 진도를 나가기가 힘들어진다. 그러므로 지난 학년에 대한 내용 이해가 부실하다고 생각하는 학생은 복습에 투자할 시간을 따로 마련해야만 한다. 쉽지 않고 내신 시험이 이어지는 학기 중에는 실질적으로 그런 시간을 확보하기가 어려우므로 비교적 시간 여유가 있는 방학 기간을 활용하는 것이 좋다. 특히 단원 간의 연계성이 높은 수학 과목은 한 번 구멍 난 단원을 결코 피해 갈 수 있는 구조가 아니다. 수학의 전체 체계를 책상 앞에 붙여 놓고, 자신 없는 단원은 반드시 해결하고 넘어가는 습관을 들이도록 한다.

이 두 가지 학습을 마쳤다면 이제 수업을 위한 직접적 배경지식이 되는 '예습'을 시작한다. 예습이란 수업 시간에 배울 내용을 미리 공부하는 것이다. 미리 보고 들어간 내용은 그날 배울 내용에 대한 가장 직접적 배경지식이 되어 준다. 학생들은 주로 수업 이후에 복습을 하거나 아니면 아예 학년을 초월한 선행 학습에 집중하지, 예습에는 잘 신경 쓰지 않는다. 예습은 선행 학습과 다르다. 예습은 수업에서 다룰 내용을 미리 훑어보고, 무엇에 집중해야 할지를 가려, 문제 의식을 갖고 수업에 임하게 해 주는 공부다. 선행 학습이 학년을 넘어서는 내용에 대하여 미리 진도를 빼는 것이라면, 예습은 다음 수업의 전반적 내용을 살펴보는 것이다. 예습을 한 학생은 수업에 대한 자신감과 집중력이 높아지는 것은 물론, 전체적 내용의 틀을 잡아 놓은 상태에서 수업에 임하기에 선생님이 강조하는 포인트를 쉽게 알아챌 수 있다.

효과적으로 예습하는 방법

❶ 예습 시간을 계획표에 정해 놓는다.

❷ 수업 시간에 배울 내용을 미리 파악한다.
- 단원의 제목을 읽는다.
  : 이 단원에서 배울 내용은?
- 단원의 학습 목표를 읽는다.
  : 이 단원에서 반드시 알아야 할 내용은?
- 서론(학습의 길잡이 등)과 첫 문단을 주의 깊게 읽는다.
  : 단원의 핵심 내용은?
- 그래프, 도표, 그림을 주의 깊게 살펴본다.
  : 자료에 나타난 요점이나 세부 정보는?
- 굵은 글자나 강조된 문구에 주의를 기울인다.
  : 용어의 의미와 핵심어는?
- 마지막 문단이나 요약, 정리 부분을 잘 읽는다.
  : 단원의 요지와 결론은?
- 연습 문제를 잘 읽는다.
  : 이 단원의 핵심적 문제 경향은?

❸ 단원의 목차를 보면서 수업이 어떻게 진행될 것인지 흐름을 파악한다.

❹ 질문할 것을 정리한다.
이해할 수 있는 것과 이해할 수 없는 것을 구분하여 정리해 놓고, 모르는 것은 수업 시간에 이해하거나, 선생님께 따로 질문하여 이해한다.

공부가 잘되는 독서법

진수가 최하위권 성적에서 벗어날 수 없었던 이유는 단어뿐만이 아니었다. 진수는 수업 시간에 선생님이 무슨 말을 하는지 전혀 이해할 수 없다고 했다. 사정을 알고 보니 진수는 어렸을 때부터 부모님이 맞벌이를 하는 바람에 중학교 2학년이 된 지금까지도 책을 접할 기회가 거의 없었다. 읽은 책이라곤 교과서가 전부였을 정도다.

학교 공부에 직접 도움이 되는 기반 학습이나 후행 학습도 중요하지만, 다양한 영역에서 두루두루 유식한 사람이 되기 위해서는 역시 폭넓은 독서 경험을 해야 한다. 여러 분야에 걸쳐 풍부한 독서를 한 학생은 간접 경험을 통해 생각의 폭이 넓어진다. 책을 많이 읽으라는 소리는 어려서부터 지겹도록 들어온 말이겠지만, 실제로 지혜로운 독서를 습관처럼 실천한 학생은 많지 않다. 책을 읽는다고 당장 점수가 올라가지는 않기 때문에 독서의 효용성에 대해서 실감하기 어렵겠지만, 확실히 책을 많이 읽은 학생은 다른 학생들보다 공부하는 것이 훨씬 쉽게 느껴진다. 그렇다면 공부의 효율을 높이는 독서를 하기 위해서는 어떤 책을 읽어야 할까?

1. 교과목의 기초가 되는 글을 읽는다

필수적으로 읽어 두어야 하는 문학 작품들은 중학교 때부터 계획과 전략을 세우고 꾸준히 읽어 두어야 한다. 문학 작품을 읽는 것은 비문학 지문을 읽는 것과 조금 다른 능력이 필요하다. 내용을 파악하

는 것을 넘어서 예술 작품이 주는 감동을 느낄 수 있는 감상 능력이
계발되어야 한다. 그 밖에도 수학이나 과학과 관련된 서적들을 꾸준
히 읽어 두면 과목에 대한 흥미를 높일 수 있다.

2. 어려운 글과 재미있는 글을 번갈아 읽는다

독서 훈련이 안 되어 책 읽는 것 자체가 부담스러운 학생이라면, 일
단 읽을 만한 책을 골라 습관부터 들이는 것이 좋다. 가벼운 독서와
필독서를 모두 준비하고 두 종류의 책을 번갈아 읽는다면 독서가
딱딱하고 힘들게만 느껴지지 않을 것이다.

3. 다양한 경로를 통해 글을 읽는다

평소 시간이 날 때마다 틈틈이 인터넷 기사나, 신문, 잡지 등 다양한
글을 접해 사고의 폭을 넓힌다.

4. 권장 도서 리스트를 중심으로 독서 계획을 세우지 않는다

대부분 학생들은 자신의 수준에 맞는 독서 계획을 스스로 세우기보
나 공신력 있는 기관에서 발표한 필독서를 무작정 읽기 시작한디.
물론 검증된 도서이므로 되도록 읽는 것이 중요하지만 권장 도서를
중심으로 계획을 세웠다가는 아예 독서에 흥미를 잃게 될 수도 있
다. 독서 경험이 짧은 청소년들이 감당하기에 지나치게 수준 높은
책들이 많기 때문이다. 그러므로 자신의 독서 능력을 냉정하게 판단
해 보고, 이해 가능한 책들부터 찬찬히 시작하는 것이 좋다.

수업 시간 100% 활용하기

최상위권 0.1% 학생과 보통 학생의 시간 활용에서 가장 큰 차이를 보이는 부분은 바로 '수업 시간의 활용 방식'이다. 최상위권 학생들은 수업 시간 내내 그 시간 동안 해결해야 할 내용을 모두 소화하기 위해 노력한다. 수업 시간에 기본적인 개념 이해를 끝낸 뒤 혼자 공부하는 시간에는 오늘 배운 내용을 복습하는 데에만 집중한다. 이러면 따로 시간을 내어 개념 이해를 할 필요가 없으니 시험 기간에는 총정리와 실전 문제 풀이에만 주력하면서 시험에 대비할 시간을 벌 수 있다.

반면 평소 수업을 잘 듣지 않는 학생들은 시험이 닥치면 기본 개념 이해부터 다시 공부한다. 이렇게 되면 촉박한 시간 싸움인 내신에서 시험 범위를 끝까지 한 번 보는 것도 빠듯하게 된다. 결국 충분히 내용을 정리하지 못하고, 문제 풀이 연습도 부족한 채 시험을 보러 간다.

만약 본인이 후자에 해당한다고 생각된다면 그날 배운 내용은 수업 시간 안에 모든 것을 끝내겠다는 마음으로 수업에 임하자. 공부에 필요한 시간을 넉넉하게 확보할 수 있을 것이다.

또한 많은 학생들이 간과하고 있는 중요한 사실이 하나 있다. 선생님들은 수업을 준비하면서 학생들이 꼭 알아야 할 내용이 무엇인지 심사숙고하여 정리한다. 그리고 그 내용을 바탕으로 시험 문제를 만든다. 따라서 수업은 곧 시험 문제라고 볼 수 있다.

우리가 주요 과목이라 부르는 국어, 영어, 수학, 과학은 평소 주요 개념들을 이해하고 머릿속에 잘 기억해 두는 것이 중요하다. 그리고 학년이 올라가고 교과서 진도가 나갈 때마다 각 개념들을 서로 연결시켜 공부해야 한다. 기초가 부족한 학생들이 주요 과목 공부를 어려워하는 이유가 바로 여기에 있다.

따라서 국어, 영어, 수학, 과학 같은 주요 과목의 수업을 들을 때는 수업 시간 동안 개념을 이해하는 것을 목표로 삼아야 한다. 만약 자신이 단번에 개념을 이해하기 힘든 유형이라면 미리 예습을 해 두는 것이 꼭 필요하다. 예습은 수업 시간 내에 받아들일 수 있는 범위를 최대화할 수 있는 가장 효과적인 방법이기 때문이다. 수업 시간 중에 이해하기 힘든 부분은 반드시 표시를 해 두었다가 복습할 때 다시 점검하도록 하자. 혼자 해결하기 힘들다면 공부 잘하는 친구들에게 물어보든 선생님께 질문을 하든 어떤 방법을 통해서라도 반드시 이해하고 넘어가도록 한다.

암기 과목은 '수업이 곧 시험 문제'인 경우가 많다. 따라서 수업 도중에 선생님이 강조하는 내용이나 중요한 단서들을 놓치지 않고 형광펜으로 눈에 띄게 표시해 두는 것이 중요하다. 사회나 국사 같은 경우 내용의 흐름을 파악하며 암기해야 하기 때문에 교과서의 여백을 이용해 메모를 해 두는 것이 좋다.

그렇다면 이제 진수 이야기로 돌아가 보자. 진수는 일단 영어 단어처럼 국어도 단어장을 만들기 시작했다. 약 6개월 동안은 영어, 수학, 과학, 사회, 역사 그리고 도덕과 기술가정까지 단어장을 만들며 해당 과목을 이해하기 위한 필수 어휘를 익히는 데 집중했다.

다음으로 시급한 것은 수업을 이해하기 위한 준비였다. 진수는 인터넷 강의를 활용해 예습을 시작했고, 이해가 안 가는 내용과 단어는 검색이나 자습서를 찾아보는 예습을 훈련했다. 이 과정을 반복적으로 실천하자 진수는 조금씩 학교 수업이 들린다고 했다. 무엇보다 본인이 스스로의 힘으로 내용을 이해하게 되어 기쁘다고 했다.

그리고 1년 뒤, 3학년 1학기 기말고사에서 진수는 국어 과목 100점이라는 성적표를 받았다. 진수의 100점은 다른 학생들의 100점과는 의미가 달랐다. 그것은 놀라운 기적이었다.

"왜 내가 공부한 건
시험에 안 나올까요?"

이번 기말고사에서도 성적이 크게 떨어졌다. 그것도 중간고사 때보다 평균이 5점이나 하락했다. 분명히 중간고사 때보다 두 배 이상 시간을 투자했고, 모든 과목에 목숨을 걸었다. 수학은 교과서를 열 번도 넘게 풀어서 자다가도 풀이 과정을 쓸 수 있을 정도였고, 영어는 교과서의 모든 지문을 통째로 외워 버렸고, 암기 과목은 교과서를 하도 많이 봐서 어디에 무슨 내용이 있는지도 다 알고 있었다.

그럼에도 내 성적이 이 모양인 것은 선생님들 때문이다. 수학 문제는 교과서에 나온 것과 달리 숫자와 풀이 과정을 바꿔 놓았고, 영어 독해는 지문의 순서와 내용이 다르게 편집되어 있었다. 사회는 처음 보는 도표와 그래프가 등장해서 시험지를 보자마자 눈앞이 깜깜해졌다.

억울한 마음에 사회 선생님을 찾아가 따지니까 수업 시간에 이미 언급한 내용이라고 하신다. 이렇게 바뀐 내용이 출제될 것이었다면 난 그렇게 열심히 교과서를 외우지 않았을 것이다. 그동안 헛고생만 한 것 같아 너무 허무하다. 이럴 바에야 차라리 아무것도 안 하는 편이 낫겠다는 생각마저 든다.

07 과목별로 요구하는 사고력을 키워라

★ ★ ★ ★

사고력에 근육 붙이기

누군가에게 공부한 내용을 설명해 주면서 오히려 내 머릿속이 정리되는 경험을 해 본 적이 있는가? 이는 남에게 최대한 쉽게 설명해 주기 위해 다양한 각도로 생각해 보고 내용 속에 내포된 원리를 스스로 유도하는 과정을 거쳤기 때문이다. 나도 모르는 사이에 '사고력'이 가동되어 내가 정확히 알고 있는 것과 모르는 것을 분리해 준 것이다. 이렇듯 사고력은 공부를 '제대로' 하도록 도와주는 가장 중요한 무기이다. 학습한 내용을 정돈한 후 실제 활용하기 위해서는 반드시 나의 사고력에 '근육'을 붙여야 한다. 운동을 열심히 하다 보면 자연스럽게 살이 빠지고 근육이 커지듯 사고력 역시 연습을 통해 키울 수 있다.

사고력을 키우는 구체적인 방법은 무엇일까? 일단 공부에 대한 마음가짐부터 바꿔야 한다. '공부한 내용을 실제로 활용해 보자!'와 같이 능동적인 자세가 필요하다.

개념을 단순히 암기만 하려는 것이 아니라 좀 더 깊게 파고들기 위해서는 다양한 각도로 학습 내용에 대하여 고민해 보고, 또 새로 재구성해 보아야 한다. 이렇게 다양한 사고력 학습 방식을 통해 공부한 내용은 남에게 완벽히 설명할 수 있을 때까지 충분히 숙지하는 단계를 거쳐야 비로소 제대로 된 노트 정리도, 변형된 문제 풀이도 가능해진다.

제대로 된 '사고력 학습'은 어느 수준일까?

❶ **수학** : 성질이나 법칙, 정리를 증명하고 공식을 스스로 유도하는 것이 가능해야 한다.

❷ **영어** : 끊어 읽기와 직독직해를 활용하여 구문을 스스로 분석하는 것이 가능해야 한다.

❸ **사회** : 사회 현상과 원인 파악이 가능해야 하며 그림, 도표, 지도를 해당 내용과 연관 지어 설명할 수 있어야 한다.

❹ **과학** : 과학 현상의 원인과 결과 파악이 가능해야 하며 그림, 그래프, 실험을 해당 내용과 연관 지어 설명할 수 있어야 한다.

수리 탐구 정복하기

_ 공식 법칙 사고력

은혜의 교과서를 살펴보니 빼곡한 필기와 까맣게 칠한 동그라미로 종이가 너덜너덜한 상태였다. 이렇게 열심히 공부했는데도 도대체 왜 성적이 나오지 않았던 걸까?

은혜는 단순한 내용을 확인하는 질문들에는 자신 있게 정답을 말했다. 하지만 제시된 내용에 대해 감추어진 의미를 묻거나, 몇 단계 사고를 전개한 유추의 문제를 내면 전혀 대답하지 못했다. 교과서를 거의 완벽하게 외우고 있지만, 그 내용에 숨어 있는 어떤 의미도 은혜는 간파하지 못하고 있었다. 그야말로 껍데기에 불과한 공부였던 것이다.

이처럼 은혜의 의미 없는 공부 방법을 바꾸기 위해서는 무엇보다 사고력을 키우는 것이 시급했다. 우선 은혜의 가장 취약 과목인 수학부터 살펴봤다. 그간 은혜는 수학 교과서에 나오는 개념 설명과 문제 풀이 과정을 죽어라 외우는 방식으로 수학을 공부했다. 이에 암기를 버리고 원리를 익히는 데 집중하는 훈련부터 시작했다. 교과서를 꼼꼼히 읽은 후 책을 덮고, 다시 노트에 원리와 공식을 증명해 낼 수 있는지 연습한 것이다. 처음에는 스스로 공식이나 원리를 유도하는 것을 낯설어했지만, 익숙해지자 오히려 무조건 공식을 암기할 때보다 응용 문제의 정답률이 높아졌다. 한 단계 더 나아가 문제를 풀기 전에는 반드시 노트에 문제를 옮겨 적은 후, 그 문제에 적용해야 할 공식과 단서를 찾아 그것부터 정리하는 것을 규칙으로 정했다. 문제를 볼 때마다 그 문제에 필요한 공식이 무엇인지를 먼저 떠올려 보는 훈련을 한 것이다. 이 같은 훈련의 핵심은 공식과 법칙이 도출되는 논리 과정을 이해하는 능력 즉, '공식 법칙 사고력'에 있다. 단지 결과물인 공식만 암기하는 것이 아니라 그 공식이나 법칙이 나오기까지 유도 과정 및 증명 과정, 원리를 충분히 이해하는 방법이다. 여기에 특별한 기술이 있는 것은 아니다. 교과서만 자세히 읽어도 자세히 알 수 있다.

공식과 법칙이 유도되는 과정을 정확하게 이해하며 공부하는 것은 최종 결론인 공식만 단순하게 암기하는 것과 확연히 다르다. 같은 시간을 공부에 투자해도 결과에서 큰 차이가 발생한다. 공식이 나오기까지 유도 및 증명 과정, 원리를 충분히 이해하면서 학습하면 문제에 어떤 공식을 적용해야 하는지 쉽게 알 수 있다. 공식만 달달 외운 학생은 문제가 조금만 변형되어도 당황하기 마련이지만 원리를 이해한 학생은 문제가 다양하게 응용되어도 핵심 원리는 변함없기에 흔들리지 않게 된다. 특히 개념과 개념이 쇠사슬처럼 연결되는 수학 과목에서는 지난 원리를 이해하지 못하면 이후의 내용은 전혀 손을 댈 수가 없으므로 원리나 주요 공식에 대한 개념 학습은 필수적이다.

그렇다면 공식 법칙 사고력은 어떻게 키울 수 있을까?

첫째, 가장 기본적인 교과서의 설명을 꼼꼼히 읽는 것에서 출발한다. 문제집에는 한 줄로 요약되어 있는 개념이 교과서에는 상세하게 설명되어 있기 때문이다. 처음으로 등장하는 개념이나 공식일수록 문제집이 아니라, 설명이 많은 교과서를 이용해야 한다. 특히 교과서 첫머리의 기본 내용은 실생활과 연관 지어 원리를 이해하게 하므로 꼭 읽고 생각해 보는 시간을 갖는다.

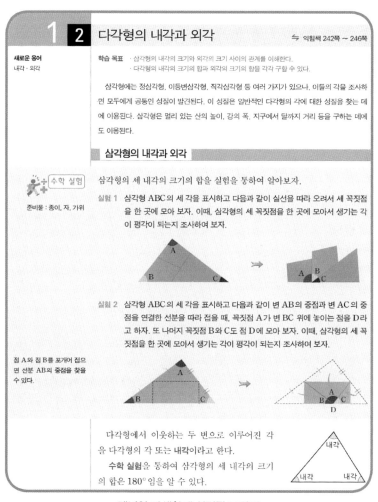

개념이 자세하게 설명된 교과서

둘째, 전체 원리를 이해한 후에는 반드시 증명 과정을 스스로 적어 본다. 옮겨 적을 때는 글씨를 그대로 베껴 쓰는 것이 아니라 논리의 흐름에 맞게 요약하고 왜 그러한지를 생각하며 적어야 한다.

셋째, 증명 과정에서 중요한 내용은 빈칸을 만들어 써 본다. 그다음에는 책을 보지 않고 처음부터 논리의 흐름을 읽어 가면서, 다음과 같이 스스로 빈칸을 채워 본다.

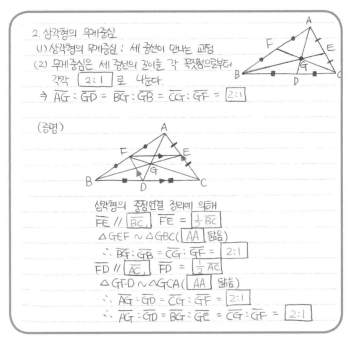

증명 과정 적어 보기(학생 예시)

증명 과정에 대한 이해가 끝났다면 이제 공식을 완벽하게 암기해야 할 차례다. 시험은 정해진 시간 안에 답을 구해야 한다. 특히 수학 시험은 늘 시간이 부족하다. 간단한 공식도 암기하지 못한 채 문제마다 공식을 유도하다가는 문제를 모두 풀 수 없게 될 것이다. 따라서 중요한 공식은 반드시 완벽하게 암기한다. 암기가 끝났다면 외운 공식을 백지에 테스트하여 능숙하게 외울 수 있는지 확인할 차례다. 문제에 적용하여 암기한 공식이 어떻게 활용되는지 점검한다.

암기한 공식 적용하기

수학 문제				필요한 공식 적어 보기
교재	체크체크	pg	81	분산 $= \dfrac{\{(편차)^2의 총합\}}{(변량의 개수)}$

* 통계/산포도
다음은 양궁 선수가 6회에 걸쳐 화살을 쏘아 얻은 점수를 조사한 것이다. 분산을 구하라.
[6, 9, 7, 8, 10]

공식에 적용하기 위한 단서 찾기	
단서1	평균 구하기
단서2	변량 − 평균 = 편차
단서3	편차^2 해서 모두 더하기

풀이	답
평균 $= \dfrac{(9+6+7+8+8+10)}{6} = 48/6 - 8$ 각 자료의 편차는 1, −2, −1, 0, 0, 2 이므로 분산도 $= \dfrac{편차 제곱의 합}{변량 개수} = \dfrac{10}{6} = \dfrac{5}{3}$	$\dfrac{5}{3}$

과학 탐구 정복하기

_ 실험 그래프 해석 사고력

과학 과목을 공부하기 위해서 중요하게 눈여겨보아야 할 것은 단원마다 등장하는 다양한 실험과 입증된 숫자를 도식화한 각종 그래프들이다. 과학 과목의 전 영역에서 등장하는 실험들은 과학 분야에 접근하는 아주 중요한 방법론이기 때문이다.

은혜 역시 과학은 그래프와 실험을 정복하는 데 초점을 두고 공부했다. 실험 순서와 방법, 과정을 정리한 후 스스로 결과를 예상해 보면서 교과서의 주요 개념과 연결 지어 공부한 것이다.

이처럼 실험과 그래프 전반에 대하여 논리적으로 해석할 수 있는 사고력을 '실험 그래프 해석 사고력'이라고 한다. 그래프 해석 사고력은 도식화된 그래프 속에 어떤 현상이 담겨 있는지 이해할 수 있는 능력을, 실험 해석 사고력은 실험의 전 과정이 무엇에 대한 입증인지 실험의 흐름을 따라가면서 파악할 수 있는 능력을 말한다. 실험 그래프 해석 사고력이 중요한 이유는 다음과 같다.

1. 과학 문제들은 대부분 실험 그래프 해석에서 나온다

실제로 2010년 대학수학능력시험에서는 실험 그래프 해석 문제가 무려 61%(160문제 중 98문제)나 출제되었다. 당장 자신이 공부하는 문제집 중에서 아무거나 펼쳐 보아도 실험 그래프와 관련된 문제들을 쉽게 발견할 수 있을 것이다.

2. 단원의 핵심 내용을 파악할 수 있다

각 단원에서 배우게 될 핵심 내용을 가장 빠르게 파악하기 위해서는 학습 목표 아래 실행되는 실험에 주목하면 된다. 학습 목표를 통해 단원의 큰 가닥을 잡은 후 학습 목표 아래 실행되는 실험 내용을 살펴보면 각 단원의 핵심이 무엇인지 파악할 수 있다.

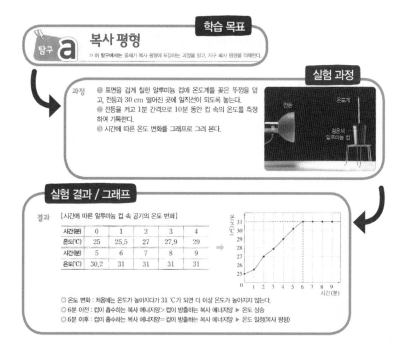

3. 자연 현상을 구체적으로 이해할 수 있게 도와준다

자연 현상은 눈으로 직접 확인할 수 없는 경우가 많아 쉽게 실감할 수 없다. 이를 보완하고 쉽게 이해할 수 있게 도와주는 것이 실험이다. 실험은 특정한 자연 현상을 축소해 보여 주기 때문에, 어떠한 현상이 일어나는 원인과 결과를 이해할 수 있도록 도와준다.

과학 과목은 '실험이 반'이라 해도 과언이 아니다. 실험은 목표와 가설, 과정 및 결과로 이루어져 있다. 이들에 대해 숙지한 후 이 실험의 의미에 대하여 설명할 수 있다면 실험에 대한 공부는 마무리된 것이다. 단, 여기서 주의할 점은 실험은 종류에 따라 공부해야 할 포인트가 다르다는 것이다. 각 실험에서 가장 주목해야 할 점이 어디인지 파악하여 종류별로 다른 학습 방법을 적용하는 것이 중요하다. 실험의 종류는 다음과 같이 크게 네 가지로 분류된다.

실험 순서가 중요한 실험

실험 과정의 앞뒤가 바뀌면 절대 안 되는 실험이다. 각 과정 다음에 어떤 과정이 이어지는지 순서에 유념하며 암기해야 한다.

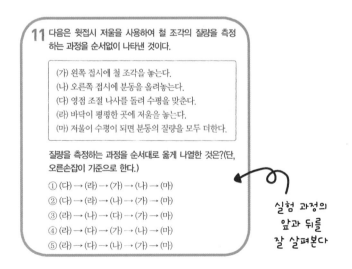

11 다음은 윗접시 저울을 사용하여 철 조각의 질량을 측정하는 과정을 순서없이 나타낸 것이다.

(가) 왼쪽 접시에 철 조각을 놓는다.
(나) 오른쪽 접시에 분동을 올려놓는다.
(다) 영점 조절 나사를 돌려 수평을 맞춘다.
(라) 바닥이 평평한 곳에 저울을 놓는다.
(마) 저울이 수평이 되면 분동의 질량을 모두 더한다.

질량을 측정하는 과정을 순서대로 옳게 나열한 것은?(단, 오른손잡이 기준으로 한다.)

① (다) → (라) → (가) → (나) → (마)
② (다) → (라) → (나) → (가) → (마)
③ (라) → (나) → (다) → (가) → (마)
④ (라) → (다) → (가) → (나) → (마)
⑤ (라) → (다) → (나) → (가) → (마)

실험 과정의 앞과 뒤를 잘 살펴본다

실험 방법이 중요한 실험

실험에 나오는 약품, 도구의 사용법이 특이하고, 특별한 방법으로 진행되는 실험이다. 약품의 특징이나 도구의 용도를 암기하고 실험 방법을 정확하게 숙지해야 한다.

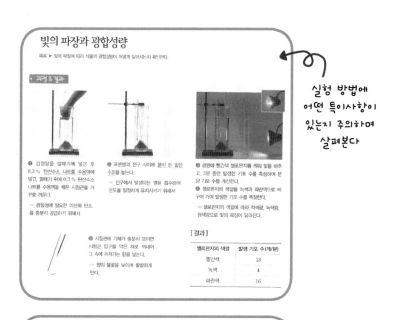

실험 방법에
어떤 특이사항이
있는지 주의하며
살펴본다

[05~06] 오른쪽 그림은 분별 깔때기로 혼합물을 분리하는 모습이다.

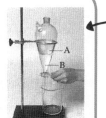

실험에 쓰인
도구와 재료의
특징을 파악한다

중요
05 이 실험 장치에 대한 설명으로 옳지 않은 것은?

① A보다 B의 밀도가 더 크다.
② A와 B는 서로 섞이지 않는다.
③ A와 B를 분리할 때는 마개를 닫은 후 콕을 돌린다.
④ 콕을 열면 B가 먼저 분리되어 나온다.
⑤ A와 B의 경계면의 액체는 따로 받아 낸다.

원인과 결과가 중요한 실험

어떤 현상의 원인을 알아보기 위해 결과를 증명하는 데 목적을 둔 실험이다. 실험 결과를 정확히 이해하고 왜 그런 결과가 나왔는지를 설명해 본다.

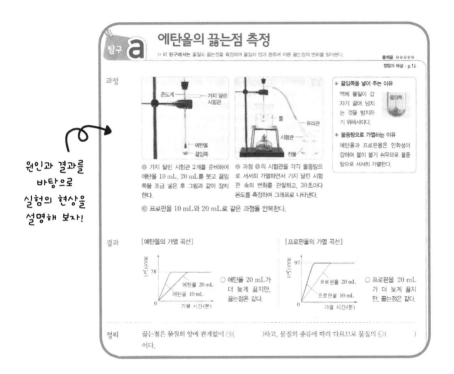

원인과 결과를
바탕으로
실험의 현상을
설명해 보자!

그래프가 중요한 실험

실험의 결과를 나타내는 그래프를 해석하는 것이 중요한 실험이다.

- **축을 살피기** : x축과 y축이 나타내는 값과 단위를 확인한다.

- **그래프 모양을 살피기** : 곡선인지, 직선인지, 그래프가 증가 혹은 감소

하는지, 일정한지 등을 확인한다.

- **특정한 점을 살피기** : 특정한 값의 점이 중요한 그래프인지 확인한다.

- **직접 그려 설명해 보기**

이제 실험의 3단계를 참고하여 실험 목표와 과정을 찬찬히 확인해 보자. 단계별로 왜 그러한 과정을 거치는지에 대해 생각해 보고, 이 실험이 지닌 의미를 스스로 분석해 보는 것이 핵심이다.

단계1 »» 실험 목표를 확인한다

실험 목표를 보면 이 실험을 왜 하는지 그 정보를 확인할 수 있다. 보통 '~을 이해/설명/확인 할 수 있다'와 같은 문장이 주어진다. 이 실험을 이해하기 위해 필요한 배경지식이 무엇인지, 이 실험이 어떤 결과를 얻기 위해 진행되는 것인지를 확인한다. 가령 온도와 기체의 부피의 관계를 증명하는 실험이라면 기체의 부피를 측정하는 방법이나, 온도의 변화에 따라 기체의 부피도 변한다는 사실을 아는 것이 이 실험을 이해하기 위해 필요한 배경지식이다. 결과는 온도와 기체의 부피의 관계가 실제로 어떠한가에 대한 것이다.

단계2 »» 실험 과정의 단계를 절차대로 상세하게 이해한다

실험 과정에는 실험을 하기 위하여 필요한 준비물, 실험 순서 및 방법, 각 단계를 거치는 이유, 실험 전반에 대한 유의점 등의 정보가 담겨 있다. 우선 각 단계에서 사용하는 준비물의 용도와 사용 방법을 정확하게 이해해야 한다. 그 후에는 실험이 진행되는 과정의 순서와 실험 방법을 이해해야 한다. 실험이 진행되는 과정을 머릿속에 그려 보며 각 과정을 스스로 설명해 본다. 각 단계를 거치는 이유를 생각해 보고 실험이 흘러가는 전체 흐름을 익힌다.

WORKSHEET

실험 과정 이해하기

교재/page		단원 명	

이 실험은 어느것에 해당되나요? (✔표시)

1. 실험 순서가 중요한 실험	☐
2. 실험 방법이 중요한 실험	✔
3. 원인과 결과가 중요한 실험	☐
4. 그래프가 중요한 실험	☐

준비물, 용도 파악

준비물	용도
거름종이	사인펜 색소 이동 관찰을 위한 판
연필	수성 사인펜 잉크 표시할 곳 선 긋기
수성 사인펜	색소 이동 속도 관찰 위해
비커	거름종이를 타고 이동할 물 받으려고
물	잉크를 이동 시키려고

단계 3 ≫ 실험 결과를 분석하여 정리한다

이 작업은 실험으로부터 얻은 데이터를 정리하고, 이를 바탕으로 이 실험이 알고자 하는 의미를 이해하는 것이다. 결과 값을 계산하여 정확한 내용 및 수치를 산출하고, 그 내용을 표나 그래프를 통해 정리해 보자. 그러면 단순한 결과치뿐만 아니라, 최초에 주목했던 실험의 목표가 달성되었는지 알 수 있다.

WORKSHEET

실험 결과 분석하기

각 실험 단계를 거쳐야 하는 이유	
단계	구체적인 이유
1	거름종이의 똑같은 위치에 색별로 잉크 떨어뜨리기
2	색소점이 물에 잠기면 X. 거름종이에 잉크가 번지기 전에 녹아 버리니까
3	
4	
5	

**앞에서 학습한 어느 개념과 연결되어 있는 실험인가요?
개념을 정리해 보세요.**

❖ 크로마토 그래피
　: 각 성분 물질이 용매를 따라 이동하는 속도가 다르다는 특성을 이용하여,
　혼합물을 분리하는 방법.

사회 탐구 정복하기
_ 지도 도표 해석 사고력

흔히 암기 과목이라고 하면 가장 먼저 떠오르는 것이 사회 과목이다. 많은 학생들이 사회는 교과서를 달달 외우기만 해도 단기간에 좋은 점수를 받을 수 있을 거라고 착각한다.

그러나 사회야말로 각 단원에 따른 전체 내용의 흐름을 이해하는 것이 가장 중요한 과목이다. 이때 전체 내용에 대한 이해를 돕는 것이 바로 교과서 구석구석에 실린 다양한 지도와 도표들이며, 이 자료들을 학습 내용과 연관 지어 생각할 수 있는 능력을 '지도 도표 해석 사고력'이라고 한다. 따라서 사회를 잘하고 싶다면 가장 먼저 지도 및 도표들과 친하게 지내는 것을 권한다. 자료를 익히기 위해 쓸 수 있는 가장 간단한 방법은 직접 손으로 그려 보는 것이다. 만약 세계지리 과목을 정복하고 싶다면 세계 지도를 직접 그려 보자. 대륙 형태보다는 지리적 위치와 특성을 익히고 싶다면? 백지도를 활용한다. 지도를 그리는 것이 너무 오래 걸리고 번거로운 작업이라고 생각될 수 있다. 그러나 막상 해 보면 눈으로 열 번 넘게 보면서 암기한 것보다 훨씬 강력한 효과를 느낄 수 있을 것이다. 지역별 기후, 인구 등이 담긴 그래프와 도표 역시 숙지한 후 백지에 출력하듯 직접 그려 보면서 확인하면 많은 도움이 된다.

최근 사회 탐구 영역에서 시험 문제의 60% 이상이 지도와 도표에 관련된 문제로 출제되고 있을 정도로 지도 도표 해석 사고력은 그

중요성이 날로 커지고 있다. 뿐만 아니라 지도와 도표는 글로만 읽어서는 이해되지 않는 내용을 쉽게 설명해 주고, 그 단원의 핵심이 무엇인지 알려 준다. 가령 어떤 개념 설명에 지도나 도표와 같은 시각 자료가 덧붙여진다면 그 내용은 해당 단원에서 가장 중요한 핵심 내용이라는 것을 암시하므로 더욱 집중해서 공부해야 한다. 대부분 학생들이 지도, 도표, 사진, 그래프와 같은 시각 자료들을 그냥 눈으로 쓱 훑어보고 넘어가는 경우가 허다한데 이는 잘못된 공부 방법이다. 이 자료들은 안에 숨어 있는 의미를 풀어서 읽어 낼 수 있어야 한다.

1. 지도 해석하기

지도를 읽을 때에는 아래와 같이 '위치, 이동 경로, 분포'에 유념하며 읽도록 한다.

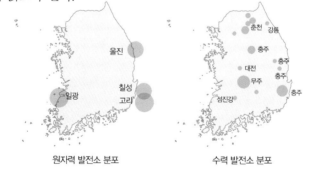

원자력 발전소 분포   수력 발전소 분포

사고의 흐름 ▶

1. 원자력 발전소와 수력 발전소의 분포구나.

2. 원자력 발전소는 해안가에, 수력 발전소는 하천에 위치하고 있구나.

3. 왜 각각 해안가와 하천에 위치하고 있을까?

2. 도표 해석하기

도표를 읽을 때는 다음과 같이 '비교, 분류, 흐름 파악'이 중요하다.

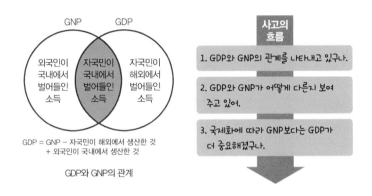

GDP와 GNP의 관계

3. 사진 해석하기

사진은 '시대, 명칭, 쓰임 파악'에 유념하며 내용과 연관 시켜 본다.

측우기

4. 그래프 해석하기

그래프는 '축, 수치 변화, 모양'을 중점으로 결론을 도출해야 한다.

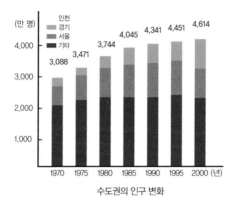

수도권의 인구 변화

사고의 흐름

1. 연도에 따른 수도권의 인구 수 변화구나.

2. 서울 인구가 줄어든 반면 경기도 인구는 늘었네.

3. 1990년 대부터 서울 주변에 신도시가 생겨났구나.

수업 시간에 선생님이 중요하다고 강조하는 자료는 더욱 자세하게 분석할 필요가 있다. 해당 자료를 직접 그려 보거나 오려 붙인 뒤에 자료의 제목, 중요 정보를 따로 정리해 두자. 그런 다음 직접 자료에 대한 역질문을 만들어 본다. 역질문은 간단하고 짧은 형태일수록 좋다. '특징은? 의의는?' 등과 같이 최대한 자세히 답변할 수 있는 질문을 스스로 만든 후 답을 직접 달아 보면 자료에 대한 파악뿐만 아니라 시험에 나올 문제를 예상하는 데 큰 도움이 된다.

은혜는 그동안 등한시했던 지도와 도표 완벽히 숙지하는 것을 목표로 삼았다. 그리고 줄 없는 노트에 각 자료들을 분석하고 따라 그리는 연습을 시작했다. 자기 손으로 정리한 분석 노트의 내용을 교과서의 내용과 연결 지어서 스스로 설명해 보는 훈련을 하고 나니, 은혜는 그동안 자신이 무엇을 놓쳤는지 깨달을 수 있었다.

역질문 만들어 보기

자료 설명	분석할 자료를 붙여 넣거나 손으로 직접 그려 보기	역질문과 정답 작성하기
자료 제목 지도의 비교	 (가) 팔도총도	**역질문 샘플** •이 도표가 나타내는 사회 현상은? •이 사회 현상의 원인과 결과는? •이 사회 현상과 연관이 큰 지역은?
자료에 담긴 중요 정보 1 팔도총도는 조선 전기 국가 주도로 만들어짐.		**역질문 1** 두 지도의 공통점은? **정답** 우리나라 지도 인쇄의 우수성을 보여 줌. 조선 시대에 제작.
자료에 담긴 중요 정보 2 대동여지도는 조선 후기 개인이 만듦.	 (나) 대동여지도	**역질문 2** 두 지도의 차이점은? **정답** 팔도총도는 산천을 간략히 표현. 국가 제작. 대동여지도는 자세한 정보 담김. 개인제작.
자료에 담긴 중요 정보 3 대동여지도는 실학 영향 받음. 김정호 제작.		**역질문 3** 대동여지도의 특징은? **정답** 실학 영향 받음. 목판으로 제작. 10리마다 방점 찍어 지도 읽기 용이함.
		역질문 4 대동여지도의 의의는? **정답** 우리나라 전통적인 지도학을 집대성한 결과물. 휴대성. 지속적 인쇄 가능.
기타 참고 사항 시기, 성격		**역질문 5** 대동여지도와 관련 있는 또 다른 지도는? **정답** 동국지도

외국어 탐구 정복하기
_ 독해 사고력

고등학교 1학년 때까지만 해도 은혜는 외국어 영역에 가장 자신 있었다. 학교에서 배운 지문을 달달 외우기만 하면 금방 시험 문제를 풀 수 있었기 때문이다. 하지만 학년이 올라가자 지문을 암기하는 공부 방법은 절대 통하지 않았다. 자신의 문제점을 깨달은 은혜는 매일 새로운 지문을 접하며 스스로 끊어 읽기와 직독직해하는 연습을 시작했다. 이처럼 영어 지문을 끊어 읽기와 직독직해로 빠르고 정확하게 독해할 수 있는 능력을 '독해 사고력'이라고 한다. 독해 사고력은 외국어 영역을 정복하기 위해 반드시 훈련되어야 하는 아주 중요한 능력이다.

먼저 '끊어 읽기'는 문장의 구조를 분석하여 의미 덩어리로 끊어서 읽는 것을 말한다. 의미 덩어리란 문장을 구성하는 요소들 중 뜻을 가지고 있어 문장 전체의 의미에 영향을 끼치는 것들 즉, 주어, 동사, 목적어, 보어, 수식어 등이 그것이다. 수식어는 부사구, 부사절, 형용사구, 분사구, 전치사구 등을 말한다. 끊어 읽기를 잘하기 위해서는 기본적인 영문법 지식이 필요하다. 의미 단위가 무엇인지 모르겠다면 영문법 교재에서 '문장의 요소와 품사'에 관한 부분만이라도 공부한 뒤 시작하는 것이 좋다.

'끊어 읽기'가 중요한 이유는 정확하고 빈틈없는 독해를 훈련시키기 때문이다. 끊어 읽기를 하지 않고 지문을 두루뭉술하게 해석해도 전체적 내용은 파악할 수 있다. 내용을 대강 이해해도 운 좋게 문제의 정답을 맞힐 수 있다. 그러나 이렇게 대충 해석하고 넘어간 내용이 중요한 부분이라면, 다음번에는 똑같은 문제를 틀릴 확률이 높아진다. 끊어 읽기는 내용 단위별로 문장을 잘라 각 내용에 대한 해석을 짚고 넘어가는 훈련을 하는 것이기에, 정확한 독해가 가능하도록 도와준다. 또한 끊어 읽기는 내용에 대한 집중력을 높여 준다. 한 문장이 길어지고 내용이 복잡해지면, 분명 모르는 단어가 없고 눈으로는 지문을 읽고 있음에도 불구하고 전체적인 내용 파악이 잘 안 될때가 있다. 평소에 끊어 읽기를 습관화하면 읽고 있는 내용이 의미 단위별로 갈무리되어 손쉽게 내용을 파악할 수 있다. 끊어 읽기의 방법은 다음과 같이 크게 세 가지로 나뉜다.

1. 의미 덩어리로 끊어서 읽는다.

주어가 길면 주어 뒤에서 끊는다.

> You and I / are good friends.
>
> To tell a lie / is wrong.

동사 뒤에서 끊는다.

> She wants / to be a doctor.
>
> He is always complaining / about his small salary.

동명사, to부정사 앞에서 끊는다.

My dream is / traveling in Europe.

He went abroad / to study economics.

전치사 앞에서 끊는다.

The city is / between Seoul and Busan.

He was sick / for three weeks.

접속사나 관계사 앞에서 끊는다.

I know / that he wants to marry her.

We didn't swim / because the water was cold.

I know the boy / who broke the window.

숙어, 관용구는 하나의 덩어리로 간주한다.

I need / a pair / of shoes. (X)

I need / a pair of / shoes. (O)

2. 동사 ➡ 주어/목적어 ➡ 수식어 순서로 찾는다

문장에서 '동사는 무엇일까? 주어와 목적어는 무엇일까? 수식어는 무엇일까?' 이와 같은 순서로 질문하면서 정답을 찾아본다.

Roman doll-makers / continued / to use technology / developed by the Greeks.

3. 쉽게 해석되는 문장은 굳이 끊지 않는다

우리가 끊어 읽기를 하는 목적은 정확하고 빠른 독해를 위해서다. 끊어 읽지 않아도 문장 전체가 통으로 이해된다면 굳이 끊어 읽을 필요가 없다. 사실 독해 실력은 끊는 횟수에 따라 달라진다. 독해력이 좋은 학생은 같은 지문을 읽어도 끊어 읽는 횟수가 적기 때문에 독해 속도가 훨씬 빠르다.

다음으로 '직독직해'는 말 그대로 영어 문장을 우리말로 매끄럽게 옮기는 과정 없이, 영어식 사고로 바로 바로 해석하는 것을 말한다. 영어를 한글로 해석하지 않고, 영어 그 자체로 받아들이는 것이기에 한글로 해석하며 읽는 학생보다 독해 속도가 빨라진다. 문제를 풀 때도 지문의 정보가 머릿속에 영어로 담겨 있으면, 한글로 해석할 필요가 없어 문제 푸는 시간도 절약된다. 효율적으로 직독직해를 하는 방법은 다음과 같다.

1. 번역하지 않는다

> If people have a certain kind of protein in their blood,
> they are Rh+ blood type.
>
> 사람들의 혈액에 어떤 특정한 종류의 단백질이 있으면 그들의 혈액형은 Rh$^+$이다.

위의 영어 문장을 우리말로 매끄럽게 번역하려 하면 시간도 오래 걸리고, 영어 문장을 앞뒤로 계속 왔다 갔다 하면서 우리말 어순에 맞게 다듬어야 한다. 영어 문장을 읽는 것은 번역이 목적이 아니다. 문장을 읽고 어떤 의미인지 이해만 하면 된다.

2. 끊어 읽기 후 앞에서부터 순서대로 해석한다

> If / people have / a certain kind of protein / in their blood,
>
> 만약 / 사람이 가지고 있다면 / 어떤 종류의 단백질을 / 그들의 혈액에
>
> / they are / Rh$^+$ blood type.
>
> 그들은 / Rh$^+$ 혈액형이다

끊어 읽은 의미 덩어리를 앞에서부터 순서대로 해석하면, 우리말로는 매끄럽지 않지만 내용을 파악하는 데는 전혀 무리가 없고 한 번에 빠르게 읽을 수 있다.

3. 영어를 영어 그 자체로 받아들인다

쉬운 단어를 보면 우리는 그 단어에 해당하는 우리말을 찾으려 노력하기보다 그냥 단어 자체의 의미를 쉽게 받아들일 수 있다. 문장에 대한 독해도 조금씩 그러한 수준이 되도록 훈련해 나가야 한다. 그것이 바로 영어를 영어 그 자체로 받아들이는 일이다. 처음에는 익숙하고 쉬운 문장으로만 가능하지만 영어를 그 자체로 받아들이려 의식적으로 노력하고 훈련하면, 점차 길고 어려운 문장도 가능하게 된다. 독해는 번역이나 통역의 과정이 아니라 그야말로 글을 읽는 것이다. 빠르고 정확하게 내용만 이해하면 된다.

각 영역마다 필요한 사고력을 키우는 동안 은혜가 가장 집중한 것은 바로 '설명하는 시간'이었다. 하루 공부가 끝나면 은혜는 그날 공부한 내용을 누군가에게 자기의 말로 설명하는 연습을 했다. 전처럼 무조건 외우는 방식이 아닌 그날 학습한 주요 내용들을 누군가에게 설명해 주는 시간을 통해 스스로 머릿속에 정리한 것이다.

이처럼 모든 과목의 공부법을 바꾼 은혜는 공부하는 것에 조금씩 재미를 붙이기 시작했다. 무엇인가를 설명해 주는 것을 연습하다 보니 어느덧 학교에서도 친구들에게 모든 문제를 풀어 주는 해결사가 되어 있었다. 3개월 후 은혜는 전국 모의고사에서 지금까지 한 번도 받아 본 적 없는 1등급을 받게 되었다. 성취의 기쁨을 맛본 은혜는 이전과는 다른 마음으로 더 높은 목표를 품게 되었다.

"필기할 시간에
문제집이나 푸는 게 더 나아요"

나는 학교에서 수업 내용을 이해하는 것이 별로 어렵지 않다. 그래서 필기 따위는 거의 하지 않는다. 선생님의 말씀을 하나라도 놓칠까 열심히 받아 적는 아이들을 보면 조금 한심하다는 생각도 든다.

그런데 정말 이상한 것은 나의 점수다. 모르는 것이 없는데도 늘 80점대 후반, 반에서는 10등 정도다. 전에는 공부를 안 해서 그렇다 치더라도 이번 중간고사 때는 마음먹고 열심히 했는데도 똑같은 점수가 나오다니, 도대체 이게 말이 된단 말인가?

답답한 마음에 이번 시험에서 틀린 문제들을 살펴보니 대부분 선생님이 수업 시간에 따로 설명해 주신 내용들이 많았다. 어떤 부분은 내가 필기한 내용과 선생님이 이야기해 주신 내용이 완전히 달라서 아예 잘못 공부한 것도 있었다.

선생님은 앞으로 필기를 열심히 하라고 하셨지만 내 생각은 좀 다르다. 이번 시험은 단지 운이 없었을 뿐이다. 어차피 교과서와 문제집에 다 들어 있는 내용인데 뭐하러 두 번 고생하나? 나는 글씨도 못 써서 알아보지도 못하는데 말이다. 귀찮은 건 딱 질색이다. 차라리 그 시간에 문제집이나 더 푸는 게 더 낫겠다.

08 제대로 된 노트 필기가 기억력을 이긴다

어떤 내용을 적을 것인가?

재학이는 어려서부터 '머리는 좋은데 공부를 안 한다, 조금만 더 노력하면 정말 공부를 잘할 것 같다'는 평가를 듣는 전형적인 학생이었다. 집에서 매일 한두 시간씩 게임을 하다가 시험 때만 반짝 벼락치기를 해도 늘 평균 80점대 후반을 유지할 정도였다.

그러던 재학이가 고등학교에 올라와서는 최상위권이 되겠다는 결심을 하고 몇 배나 많은 시간을 투자하여 시험을 준비했다. 하지만 결과는 마찬가지였다. 점수는 여전히 80점대 후반이었다. 전보다 두 배나 많은 시간을 공부하고, 두 배가 넘는 문제집을 풀었는데도 왜 성적이 오르지 않은 걸까?

재학이의 가방 속에는 늘 자습서와 문제집, 단 두 권뿐이었다. 재학이는 주요 과목 공부를 모두 자습서와 문제집으로 해결했다. 중요한 내용은 자습서와 문제집에 다 들어 있다고 굳게 믿었기 때문이다. 수업 시간에 진도를 나가는 프린트물, 수행 평가용 유인물, 수업 내용을 정리하는 노트 등이 더 필요했지만, 재학이는 어차피 모든 것은 자습서에 다 들어 있다고 생각했다. 게다가 글씨도 잘 못 쓰니 차라리 노트 정리할 시간에 문제나 더 푸는 것이 훨씬 효율적이라고 말했다. 재학이의 문제점은 바로 여기에 있었다. 재학이는 노트 필기의 중요성을 간과한 것이다.

노트 필기란 공부한 내용을 스스로 정리하여 노트에 적어 보는 것이다. 보기에는 별것 아닌 것처럼 보이지만 제대로 된 노트 필기를 하기 위해서는 생각보다 복잡한 머리 쓰기 과정이 필요하다. 일단 무엇을 적을 것인지 결정하는 것부터가 단순한 일이 아니다. 필기하지 않았을 때는 할 필요가 없었던 고민들이 시작된다. 가령 어떤 내용을 노트에 담을 것인가 결정하기 위해 주어진 내용 중에서 무엇이 핵심인지 가려내야 한다. 핵심 정보와 주변 정보를 가려낼 줄 아는 것이 공부를 잘하기 위한 기본 조건이라고 했을 때, 노트 필기를 하는 것만으로도 공부에 대한 중요한 훈련이 시작되는 셈이다. 그래서 명문대에 합격한 공부의 달인들은 공통적으로 노트 필기를 강조한다. 필기는 내 머릿속의 지식이 어떻게 정돈되어 있는지를 보여 주는 시각 자료이기 때문이다.

노트 필기는 자기주도적 공부 습관을 기르는 데도 아주 효과적이다. 노트 정리를 하는 일은 단순히 남이 적어 놓은 것을 따라 하는 게 아니라, 나의 생각과 판단력을 기반으로 스스로 배운 내용을 정리하는 과정이다. 따라서 나에게 필요한 내용을 바탕으로 스스로 노트를 만드는 행동 자체가 자기주도적 공부를 시작하는 첫걸음이 될 수 있다. 노트 필기가 중요한 또 다른 이유는 복습과 기억에 매우 유용하기 때문이다. 배운 내용을 내가 보기 편한 방식으로 정리해 놓으면 나중에 복습할 때 공부한 내용이 훨씬 잘 떠오른다. 결국 공부는 수업 시간에 배운 내용을 얼마나 탄탄하게 오랫동안 기억할 수 있는지, 내 망각과의 싸움이다. 똑같이 배웠지만 금세 잊어버리는 학생이 있고, 수능 때까지 기억해서 많은 지식을 축적하는 학생이 있다. 이 둘의 차이는 필기에 달려 있다고 해도 과언이 아니다. 내 방식대로 잘 정돈된 필기는 기억의 장기 보존을 가능하게 해 준다. 배운 내용을 손으로 직접 정리하는 행동은 뇌를 자극해 내용을 더 선명하게 기억하도록 도와주기 때문이다.

노트 필기의 기본 원칙

잘 정리된 노트는 나만의 자습서가 되어줄 것이다. 특히 내신 시험에는 수업 시간에 적어 놓은 필기가 반드시 필요하다. 아무리 유명한 자습서라 할지라도 우리 학교 선생님이 수업 시간에 강조한 말씀은 포함되어 있지 않다. 센스 있고 성실하게 작성된 노트야말로 내신 시험의 일등 참고서가 된다.

노트 필기의 중요성에 대해 알았다면 이제는 본격적으로 필기하는 방법에 대해 알아보자. 노트 필기를 하는 구체적인 방법은 개인마다 각각 다르겠지만 공통적으로 알아야 하는 원칙은 있다.

1. 준비물을 챙겨라

필기를 하려면 당연히 필기도구가 필요하다. 볼펜은 검정, 파랑, 빨강 세 가지면 충분하다. 검정은 본문 내용에, 파랑은 보충 설명에, 빨강은 중요한 내용을 강조할 때 사용한다. 거기에 샤프와 지우개, 형광펜 정도 추가하면 필기도구는 다 갖춰졌다. 과목별로 정리할 노트와 보충 설명을 적어 넣을 포스트잇도 잊지 말자.

2. 내가 알아보기 편한 필기 방식을 찾는다

노트 필기는 남에게 보여 주기 위해 만드는 것이 아니다. 내가 편하게 공부하려고 만드는 것이다. 스스로와 정한 약속대로 알아보기 쉽게 필기하면 된다. 본문에 소개된 '제대로 노트 필기 하는 법'을 참고하여 가장 효과적인 나만의 필기 방법과 수준을 정해 본다.

3. 필기하기 전에 공부할 내용에 대해 정리해 본다

무턱대고 귀에 들리는 대로 보조리 받아 적거나, 기분 내키는 대로 아무것이나 필기하는 것은 시간만 낭비하는 꼴이다. 필기를 하기 전에는 항상 무슨 내용을 적을 것인지 생각하는 시간이 필요하다.

4. 내신과 직결되는 수업 시간에는 필기에 더욱 집중한다

수업 시간에 선생님이 하는 모든 이야기를 놓치지 않겠다는 마음으로 집중해서 들어야 한다. 공부 내용뿐만 아니라 선생님의 말투나 표정도 세심하게 살펴야 한다. 선생님이 곧 출제 위원이기 때문이다. 선생님이 수업 시간에 하는 설명은 나중에 노트만 봐도 다시 떠올릴 수 있도록 중요한 정보를 빠뜨리지 않고 잘 받아 적는다.

5. 교재에 필기할 때는 핵심만 강조한다

혼자서 자습서나 참고서에 표시하며 공부할 때는 핵심적인 내용을 강조하는 방식으로 필기를 하는 것이 좋다. 어차피 자습서에 세밀한 내용들이 적혀 있으므로, 그중에서도 내가 반드시 기억해야 할 것들을 빨리 판단하여 형광펜으로 표시한다.

6. 정리된 필기는 반드시 다시 복습한다

아무리 혼신을 다해서 노트를 정리해도 다시 보지 않는다면 헛고생이다. 일, 주, 월 단위로 반복해서 봐야 할 노트를 정하고 복습을 위한 시간을 계획표에 배분하도록 한다.

노트 필기는 상황에 따라 무엇이 더 중요한지 판단하여 방법을 달리해야 한다. 가령 예습을 할 때는 노트의 첫머리에 '단원의 길잡이'를 적는다. 모든 교재에는 '단원의 길잡이, 단원의 목표, 이 단원에서 이것만은 꼭!' 등과 같이 해당 단원의 중요 내용을 세 줄 정도로 정리해 놓은 부분이 있다. 예습할 때는 이 부분을 노트에 미리 적어놓도록 한다. 이렇게 해 두면 해당 단원에서 어떤 내용이 중요한지 파악할 수 있어 본 수업에 임할 때 적극적으로 참여할 수 있다.

다음은 가장 중요한, 수업 시간의 필기 방법이다. 수업에 집중하면서 선생님이 무엇을 강조하는지 파악한 다음, 알아보기 쉽게 다른 색깔로 필기한다. 중요한 내용을 하나도 빠뜨리지 않고 적기 위해서는 나만의 줄임 기호를 정하여 시간을 단축하는 것도 효율적이다. 또한 나중에 복습할 때 부족한 부분을 더 채워 쓸 수 있도록 여백을 충분히 남겨 두는 것이 좋다.

복습할 때의 필기는 수업 시간에 들은 내용을 떠올리며 공부한 내용을 장기적 기억으로 전환하는 것이 목적이다. 수업 시간에 들은 내용을 상기하면서 자습서나 문제집을 이용하여 추가적 내용을 노트의 여백에 채워 넣는다. 수업 시간 내에 마무리하지 못한 내용 또한 복습 시간을 이용하여 보충한다. 마지막으로 복습을 하는 동안 새롭게 생겨난 의문이 있다면 반드시 노트 하단에 적어 놓는다. 의문 사항은 시험 문제처럼 질문의 형식으로 적고, 그 질문에 대한 해답 역시 서술형 문제의 정답을 풀어 가듯 정리해 놓는 것이 좋다.

노트 필기 하는 방법

❶ 단원 명, 날짜, 쪽수, 학습 목표를 적는다.

❷ 학습 내용을 기록한다.

- 중요한 정보를 빠짐없이 기록하되 간단명료하게 기록한다.
- 간격을 충분히 띄어 나중에 내용을 추가할 수 있도록 필기한다.
- 나만의 약자나 표시 등을 정하여 기록한다.

  예) ★ 매우 중요, ＝ 같다, ※ 주의, Ⅹ 아니다, ≠ 서로 다르다, ? 의문 사항,
  ∴ 그러므로, & 그리고, ↑↓증가 감소, ∵ 왜냐하면, (시) 시험에 나옴,
  ex) 예시, cf) 비교, def) 정의

❸ 공부하면서 떠오른 질문들을 색깔펜으로 적어 놓는다.

❹ 학습 주제를 요약한다.

❺ 요약한 내용을 보면서 스스로 설명해 본다.

국영수 노트 필기법

국어 노트 필기법

국어 과목은 수업 시간에 선생님이 설명하는 내용 중 중요한 것을 교과서에 직접 받아 적는 것이 좋다. 본문을 비롯한 교과서 여백을 활용하여 교과서 전체가 참고서가 될 수 있도록 핵심을 받아 적는다. 그 밖에 글의 갈래와 표현 방법, 특징, 성격, 문단 정리, 어려운 단어, 맞춤법 등 별도의 독립적 단위의 내용들은 노트에 정리한다.

영어 노트 필기법

영어 과목 필기 역시 국어와 마찬가지로 교과서에 바로 적는다. 수업 시간에 선생님이 말로 설명하는 내용 중 중요한 것들은 모두 교과서에 적어 기억하는 것이 좋다. 특히 단어나 문법은 나만의 정리노트를 따로 만들어야 한다. 영어 문법은 핵심을 정리하고 반드시 그에 따른 예문을 적도록 한다.

Just15 centimeters at a Time

"Set ambitious goals!" "Aim high!"
야심찬 목표를 설정하라!" "목표를 높게 설정하라"
Maybe you have heard these pieces of advice a lot
아마도 당신은 이런 충고들을 많이 들었을 것이다
They can motivate people   They= these pieces of advice
이런 말들은 사람들에게 동기를 부여할 수 있다   People can be motivated by them
however when people try to achieve a goal that is challenging, they
often give up too quickly
그러나 사람들이 도전적인 목표를 추구하려고 할 때 종종 너무 빨리 포기하기도 한다
What do you think you need to do to achieve your goal?
당신은 목표를 성취하기 위해 무엇을 해야 한다고 생각하는가?

○ 셀수없는 명사의 수량표현 → 셀수있는 단위명사 사용 (Maybe you have heard these pieces of advice
   ex) water, bread, paper, advice, furniture 등등   a lot)
  ※예시상 1) a glass of water 물한잔
       2) two sheets of paper 종이두장
       3) a loaf of bread 빵한덩어리
○ very, so (too) (…, they often give up too quickly)
  부정적이다! ex) I'm too full 나는 너무 배가 불러
○ 주어의 의문 + 간접의문 (What do you think you need to do achieve your goal?)
  다른문장의 주어, 보어, 목적어로 쓰일 때
 ※ 예시: where did he go → Do you know where he went
      who ate my cake? → I wonder who ate my cake

영어 노트 필기법(학생 예시)

수학 노트 필기법

보통 학생들의 수학 노트는 계산용 연습장과 구별이 되지 않는다. 수학 노트는 계산용 연습장이 아니다. 수학 노트에는 '개념 정리'와 '문제 풀이' 과정을 모두 필기해야 한다. 개념 정리 과정에서는 용어에 대한 정의, 정의를 통한 정리, 정리를 통한 공식 및 공식의 유도 과정 등을 적어 넣는다. 문제 풀이 과정은 문제의 유형이 드러나도록 하고, 풀이 과정을 또박또박 자세히 적어 넣는다.

수학 문제를 풀 때 한 가지 더 유념해야 할 것은 글씨를 최대한 가지런히 써야 한다는 것이다. 수학 문제를 괴발개발 푸는 습관이 들다 보면 나중에 자기 글씨를 자기가 못 알아보는 어이 없는 실수가 벌어지기도 한다. 최대한 정확하고 똑부러지는 글씨로 문제를 풀도록 해야 한다.

또한 풀이 과정을 마음대로 생략하고 듬성듬성 푸는 버릇도 고쳐야 한다. 수학 문제는 머리로 푸는 것이 아니라 손이 푸는 것이라는 말이 있다. 몇 단계 정도를 암산으로 계산하고 성급하게 답만 찾으려고 하다 보면 계산상의 실수가 생기거나 중간 단계를 놓치는 일이 생기고 만다. 수학 문제는 모든 풀이 과정을 정확하게 적어 넣되, 정확한 글씨로 빠르게 필기하는 연습을 해야 한다.

영어 단어장 활용법

영어 과목을 잘하기 위해서는 문법, 독해, 듣기, 쓰기 등 두루 신경 써야 할 것들이 많다. 그러나 이 모든 영역의 기초를 이루는 것은 역시 단어 실력이다. 국어 공부도 우리말 어휘력이 바탕이 되어야 실력이 늘 듯이, 영어도 단어의 뜻을 몰라서는 발전을 이룰 수 없다.

우리말은 모국어를 사용하며 자연스럽게 어휘력이 늘어날 가능성이 있지만, 외국어인 영어 단어는 의식적으로 자꾸 노력해야 습득이 가능하다. 그러나 의외로 영어 단어에 꾸준한 시간과 노력을 투자하는 학생은 그리 많지 않다. 단어를 암기하는 것은 일종의 습관이다. 규칙적으로 암기하되 수능 시험을 치르기 직전까지 암기해야 한다.

어휘력이 일정 수준에 이르면 자신만의 단어장을 만드는 것이 좋다. 여기저기 공부하며 내가 습득해야 할 단어들을 한군데 모아서, 집중된 공부를 가능하게 만들기 위함이다. 잘 안 외워지는 단어를 노트에 정리해서 자주 공부하면 자투리 시간 활용에도 좋고, 어려운 단어와도 쉽게 친숙해질 수 있다.

나민의 단어장에는 사전에서 찾아본 의미 외에도 각종 파생어, 유의어, 반의어 등과 더불어 그 단어를 접하게 된 문장까지도 함께 적어 두는 습관을 갖는다.

나만의 단어장 만드는 방법

❶ 노트를 세 칸으로 나눈 뒤 단어와 뜻을 쓴다.

❷ 뜻을 가리고 단어를 써 보고, 반대로 단어를 보고 뜻을 써 보는 방식으로 테스트한다. 매일 그날 정리한 단어를 외우고 테스트하고, 틀린 단어나 어려운 단어 옆에는 V를 표시한다.

❸ 수요일에 월요일부터 수요일까지 모아 놓은 단어를 중간 점검한다.

❹ 토요일에 목요일부터 토요일까지 모아 놓은 단어를 중간 점검한다.

❺ 일요일에 한 주 동안 표시된 모든 단어를 최종 점검한다.

❻ V가 3개 이상 표시된 단어는 수시로 복습한다.

표시	단어	뜻, 품사, 예문, 동의어, 반의어, 파생어 등
	tradition	전통/Koreaa tradition 한국 전통/(형) traditional 전통적인
✓✓	religion	종교/religious thought 종교 사상/(형) religious 종교적인
	culture	문화/a man of culture 교양있는 사람/(형) cultural 문화적인
✓✓✓	instinct	문화/a creative instinct 창조의 본능/(형) instintive 본능적인

수학 연습장 활용법

수학 풀이 과정은 어디에 써야 좋을까? 수학 문제집의 넉넉한 여백을 보면 굳이 수학 풀이 연습장을 만들지 않아도 될 것 같은 유혹을 느낀다. 문제집 빈 공간마다 여기저기 공부한 흔적이 남아 뿌듯하기도 하다. 그럼에도 불구하고 수학을 공부할 때 굳이 연습장에 문제를 풀라고 하는 이유는 무엇일까?

첫 번째는 정돈된 풀이 과정을 쓰는 연습을 통해 자신의 생각 흐름을 확인하고, 푸는 과정에서 실수를 줄이기 위해서다. 교과서와 문제집에도 여백이 있긴 하지만, 대개 문제의 종류나 난이도에 따라 주어진 지면이 부족한 경우가 많다. 이러면 위에서 아래로 가지런하게 이어져야 할 풀이 과정이 문제집의 여백을 쫓아가며 중구난방으로 흩어지게 되고, 논리적 사고 역시 분산된다.

두 번째 이유는 나중에 틀렸던 문제를 확인할 때 틀린 포인트를 한눈에 확인할 수 있도록 하기 위해서다. 틀린 문제를 다시 풀어 볼 때, 풀이 과정이 정돈되지 않은 문제집을 통해서는 자신이 어떤 단계에서 실수가 발생했는지 찾아내기 어렵다. 처음부터 다시 풀어 보는 수밖에 없다. 그러나 연습장을 살펴보면 예전 공부에서 어떤 이유로 문제를 틀렸는지를 정확하게 가려낼 수 있다. 같은 복습을 해도 훨씬 구체적이고 전략적인 분석이 가능하다.

그렇다면 수학 연습장은 어떻게 써야 할까? 방법은 간단하다. 먼저 세로로 반을 접는다. 그런 다음 연습장의 상단에는 날짜와 요일, 문제집의 페이지를 적는다. 페이지를 정확하게 적으면 시험 기간에 필요한 단원만 확인할 때 빠르게 찾을 수 있다. 반으로 접은 노트의 왼쪽에 문제의 번호를 쓰고 문제를 적는다. 어떤 문제인지 스스로 알 수 있을 정도로만 문제를 옮기면 된다. 풀이 과정뿐만 아니라 문제까지 함께 적는 이유는, 시험의 최종 마무리에 교재 없이 연습장

P.44
297) $\sqrt{11\times12\times13\times14+1}$ 의 값을 연속변수하여 구해라
풀이 $x=11$
$x(x+1)(x+2)(x+3)+1$
$=\{x(x+3)\}\{(x+1)(x+2)\}+1$
$=(x^2+3x)(x^2+3x+2)+1$
$x^2+3x=t$
$t(t+2)+1$
$=t^2+2t+1$
$=(t+1)^2$
$=(x^2+3x+1)^2$
$=(11^2+3\times11+1)^2$
$=155^2$
$\therefore\sqrt{11\times12\times13\times14+1}$
$=\sqrt{155^2}$
$=155$

298. $\dfrac{17^2-9^2+11^2-13^2+15^2-17^2}{11^2-9^2+7^2-5^2+3^2-1}$ 의 값을 인수분해하여 구해라.
풀이 i) 분자의 식의 값
$17^2-9^2+11^2-13^2+15^2-17^2$
$=(17+9)(17-9)+(11+13)(11-13)+(15+17)(15-17)$
$=-2(16+24+32)$
$=-144$
ii) 분모의 식의 값
$11^2-9^2+7^2-5^2+3^2-1$
$=(11+9)(11-9)+(7+5)(7-6)+(3+1)(3-1)$

$=2(21+12+4)$
$=74$
$\therefore$ 분자 $=144$
분모 $=74$
$\dfrac{-144}{74}=\dfrac{72}{37}$

틀린 이유: 11+9는 20인데 21이라고 썼다.

올바른 풀이
i) 분자 $=-144$
ii) 분모: $11^2-9^2+7^2-5^2+3^2-1$
$=(11+9)(11-9)+(7+5)(7-6)+(3+1)(3-1)$
$=2(20+12+4)$
$=72$
$\therefore\dfrac{-144}{72}=-2$

299) $(x-3)(x-1)(x+2)(x+4)+k$ 가 완전제곱식 꼴로 인수분해가 되기 위한 상수 k의 값은?
풀이 $(x-3)(x-1)(x+2)(x+4)+k$
$=\{(x-3)(x+4)\}\{(x-1)(x+2)\}+k$
$=(x^2+x-12)(x^2+x-2)+k$
$x^2+x=t$
$(t-12)(t-2)+k$
$=t^2-14t+24+k$
$=t^2-14t+49-49+24+k$
$=(t-7)^2-25+k$
완전제곱식이 되기 위해서는
$-25+k=0$
$\therefore k=25$

수학 연습장 정리(학생 예시)

한 권만 가지고도 공부를 했던 모든 문제들을 점검할 수 있도록 하기 위해서다.

문제 아래에는 풀이 과정을 적는다. 계산 과정에서는 계산의 중간을 생략하지 않고 끝까지 쓰는 것이 중요하다. 문제를 다 푼 뒤에 수학 문제집에는 틀린 문제에만 표시를 한다. 같은 문제집을 반복해서 푸는 것이 중요하기 때문에 문제집에 직접 정답을 적지 않도록 한다. 이렇게 하면 시험 직전에 틀린 문제를 중점적으로 확인할 수 있

다. 틀린 문제를 다시 푸는 과정에서 의문 사항이 생기면, 문제 번호 옆에 별도로 표시한 뒤 해답지를 찾아본다. 연습장의 오른쪽은 문제를 풀거나 채점하는 단계에서는 일단 비워 놓는다. 채점이 마무리된 뒤 틀린 문제만 연습장 오른쪽에 다시 풀어 본다. 선생님께 질문을 하는 경우에도 연습장의 오른쪽을 활용하면 된다.

오답노트 정리법

시험이 끝난 후에 학생들은 세 부류로 나뉜다. 시험이 끝나자마자 시험지를 휴지통에 버리는 학생, 채점한 후 점수만 확인하고 버리는 학생, 채점을 한 후 틀린 문제를 완벽하게 정리하는 학생. 이들 중에서 누가 상위권일까?

오답을 정리하는 학생이 당연히 상위권이다. 상위권 학생들은 왜 귀찮게 굳이 오답을 정리하는 것일까? 상위권 학생들의 공통점 중 하나는 자기가 모르는 것이 무엇인지를 잘 알고, 비슷한 실수를 줄이기 위해 노력한다는 점이다. 이들이 오답 정리를 꾸준히 하는 이유는 자신이 모르는 것들에 집중해서 계속 나아지기 위한 행동이다.

'오답 정리'란 오답을 체계적으로 정리하여 활용할 수 있도록 하는 것이다. 오답을 정리하면 무엇이 이로울까? 우선은 비슷한 실수를 줄일 수 있다. 한 단원에서 나올 수 있는 문제의 종류는 한정되어 있다. 시험에는 이러한 문제들이 반복해서 나온다. 내가 틀린 문제가 무엇인지 유형을 파악하고 정확한 답을 찾아 정리해 둔다면, 같은 유형을 반복해서 틀리는 일은 발생하지 않는다. 자주 틀리는 문제의 유형뿐만 아니라 실수에 대한 패턴도 파악할 수 있다. 문제를 잘못 읽는지, 연산에서 실수가 많은지, 맞은 것과 틀린 것을 헷갈리는지 등 반복되는 실수를 정리하면 다음부터 더욱 주의를 기울일 수 있다. 영역별로 틀린 문제를 분석해 보는 것도 취약한 단원을 파악하고 그에 따른 대책을 세우는 데 도움이 된다.

오답 정리의 원칙

❶ 오답 정리를 하는 목적을 꼭 기억한다.
❷ 개념 정리가 우선되어야 한다.
❸ 내가 고른 오답을 정답과 섞어 적지 않는다.
❹ 설명을 구구절절 적지 않는다.
❺ 오답노트는 어느 정도 실력이 쌓인 후 만든다.

과목별 오답노트 정리법

1. 국어 : 내 사고 방식의 오류를 파악해야 한다

지문이 매번 달라지는 국어 영역에서는 특정한 지문에서 발생한 오답을 모아 놓을 필요는 없다. 다만 오답이 발생했을 경우, 그것이 나의 어떤 사고방식에서 비롯된 것인지 파악하는 것은 중요하다. 대부분의 학생들은 문제가 틀리면 정답을 확인하고, 정답에 대한 해설을 읽고, 그 해설이 수긍이 가면 문제를 이해했다고 생각하고 넘어간다. 그러나 이러한 단선적인 공부법으로는 국어 영역 실력이 늘지 않는다. 국어 영역에서 중요한 것은 암기보다 정확한 사고방식 패턴이다. 먼저 틀린 문제는 정답을 확인한 뒤에 바로 해설을 읽지 말고, 스스로 지문 속에서 정답의 근거를 찾아 적어 본다. 그런 다음 정답의 근거로 나중에 찾은 논리와 내가 처음에 생각했던 논리가 어떻게 다른지를 비교해 본다. 마지막으로 해설지에 제시된 정답의 근거와 내가 찾은 정답의 이유가 같은지 확인해 본다.

2. 수학 : 오답카드나 오답노트를 만든다

유형에 대한 학습이 중요한 수학 과목에서는 오답카드나 오답노트를 통해 틀린 문제를 모아 두는 것이 좋다. 오답카드는 다시 풀어 볼 수 있도록 문제 칸과 풀이 칸을 분리하여 쓴다. 그리고 앞면에는 문제를, 뒷면에는 풀이를 적는다. 오답노트라면 노트를 반으로 접어 왼쪽에는 문제, 오른쪽에는 풀이를 적는다. 그런 다음 다른 연습장에 틀린 문제를 다시 한 번 풀어 본다. 나의 풀이 과정을 해답과 비교해 보고 맞았다면 노트에 풀이 과정을 적는다.

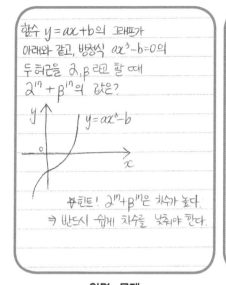

앞면 : 문제   뒷면 : 풀이

  이후에도 주기적으로 틀린 문제를 다시 풀어 보고 완벽히 풀 수 있다고 판단되면 삭제한다. 오답노트를 계속 모아 두면 점점 두꺼워져 모르는 문제가 무엇인지 분간할 수 없게 되기 때문이다.

3. 사회, 과학 : 오답을 기본서에 모아서 단권화한다

사회, 과학은 따로 오답노트를 만들기보다 좋은 기본서 한 권을 정하여 거기에 모든 정보를 모으도록 한다. 틀린 문제를 분석한 후 해당 단원의 여백에 적거나 포스트잇을 활용하여 붙여 둔다. 그런 다음 틀린 문제에 대한 해설을 바로 읽지 말고, 내가 틀린 이유를 생각해 본다. 문제의 해설 부분과 기본서의 설명을 참고하며 내용을 확실하게 이해했으면 기본서의 해당 단원 부분에 문제를 적어 붙여 넣는다. 이후 주기적으로 다시 풀어 보고 완벽히 풀 수 있다고 판단되면 버린다.

4. 영어 : 독해는 국어처럼 문법은 사회, 과학처럼 정리한다

영어 역시 지문에 따라 틀린 문제가 발생하므로 따로 오답노트를 만들 필요는 없다. 독해에서 틀린 문제들은 국어 오답 정리법처럼 내가 틀리는 방식을 찾는 것이 더 중요하다. 나의 사고력이 어떻게 정답을 비껴 갔는지 사고 패턴을 파악해야 한다. 문법은 사회, 과학처럼 틀린 문제를 분석한 후 문법 기본서에 모아 단권화한다.

이제 다시 재학이 이야기로 돌아가 보자. 재학이는 가장 먼저 수업 내용을 정리하는 일부터 시작했다. 특히 선생님의 설명 하나하나에 집중했다. 선생님이 들려주는 예시까지 모조리 필기했고, 심지어 수업 도중에 학생들에게 건넨 질문까지 받아 적었다.

중요한 과목은 노트 하나에 단권화를 시작했다. 단권화 노트에 내용을 정리하면서 단원의 마지막 부분에는 그동안 정리했던 내용을 마인드맵 형식으로 그려 보았다. 백지에는 단원의 핵심어를 적고, 그것에서 연상되는 내용을 확장하며 적어 보았다. 교과서, 자습서, 학교 프린트물, 문제집의 내용이 노트 한 권에 정리되고 나니, 시험 기간에는 그 노트만으로 짧은 시간 동안 복습이 가능했다.

노트 필기의 중요성을 알게 된 재학이는 이후 다른 공부를 할 때도 자연스럽게 자신만의 내용 정리를 실천했다. 인터넷 강의를 수강

할 때도 강의별로 정리 노트를 마련하고 강의를 듣게 되었다.

다음 시험이 다가오자 재학이는 예전과는 완전히 다른 방식으로 시험을 준비했다. 시험 기간마다 달랑 문제집 한 권만 풀었던 것에 반하여, 이번에는 과목별로 정리된 단권화 노트를 활용해 배운 내용을 점검하고 복습했다. 그리고 결국 평균 96점으로 반에서 2등을 차지하는 쾌거를 이뤘다. 기존의 잘못된 공부 방식을 버리고 새로운 전략으로 상위권에 진입한 재학이는 마음만 먹으면 정말 잘할 수 있다는 것을 스스로 입증한 셈이었다.

"세상에서 암기 과목이
제일 싫어요"

　나는 한 번도 영어, 수학 과목에서 전교 1등을 놓쳐 본 적이 없다. 하지만 사회, 과학, 국사와 같은 암기 과목에서 시험을 번번히 망쳐 버린다. 친구들은 내가 쉬운 과목을 무시하는 것이라고 수근거리지만 그건 몰라도 한참 모르는 소리다. 내 사정은 전혀 다르다.

　나는 사회, 과학과 같은 암기 과목이 세상에서 제일 어렵다. 시험 기간에도 영어, 수학보다 암기 과목에 더 많은 시간을 쓴다. 사실 이런 과목이야 무조건 외우면 된다고 생각하기는 한다. 그러나 그 무조건 외우는 일이 나에게는 너무 괴롭다. 아무리 집중을 해도 머릿속에 잘 들어오지 않고, 겨우겨우 외워도 잠깐 기억에 남을 뿐 금방 잊어버린다.

　학교 수업이 끝나자마자 복습을 하면 도움이 된다길래 그날 배운 내용을 매일 공부해도, 시험 기간만 되면 전혀 새로운 내용을 공부하듯 낯설기만 하다. 부모님은 이런 속사정을 알지도 못하면서, 공부를 덜한 것이라며 혀를 차신다. 부모님 말씀대로 정말 내 노력이 부족했던 걸까?

★　★　★　★　★　★　★

전략 있는 암기가 필요하다

암기 과목을 못하는 이유

중학교 3학년 지현이는 누가 보아도 머리가 좋은 학생이었다. 시험이 어렵기로 소문난 영어와 수학에서 늘 최상위권의 점수를 유지하고 있었다. 그런데 암기 과목만은 늘 지현이의 발목을 잡았다.

유독 영어, 수학에 비하여 비교적 쉽게 준비할 수 있는 국사, 과학, 도덕, 사회 등과 같은 과목에서 지현이는 많은 점수를 깎였다. 그런 지현이에게 부모님과 선생님, 친구들은 다들 불성실하기 때문이라며 탓할 뿐이었다. 노력을 안 하는 것도 아니고, 별다른 해결책을 알려 주는 사람도 없었기에 지현이는 더욱 답답해했다.

하지만 지현이의 문제는 노력의 정도에 달린 것이 아니었다. 지현이는 모든 암기 과목을 공부할 때, 계속 교재의 글자를 외우려고 애를 썼다. 수학을 공부할 때는 개념을 이해하고, 그것이 왜 그렇게 되는지에 대하여 깊은 사고를 하며 공부하던 지현이가 암기 과목을 공부할 때는 자습서의 내용을 반복해서 그냥 읽고 또 읽을 뿐이었다. 도대체 왜 지현이는 암기 과목에서만 유독 깊은 사고를 하지 않은 걸까?

흔히 암기 과목이라고 일컬어지는 과목이 있다. 요즘 학생들은 암기 과목이 주요 과목에 비하여 좀 편하게 대비할 수 있다고 생각한다. 또 '암기 과목'이라는 단어 속에는 깊이 있게 원리를 파고들며 근면하게 공부해야 하는 주요 과목에 비하여, 임시방편과 같은 암기법으로 손쉽게 해결할 수 있는 과목이라는 느낌이 암묵적으로 포함되어 있는 것도 사실이다. 그러나 암기는 특정한 과목을 해결하는 미봉책의 공부법이 아니다. 이해와 사고를 통해 원리를 받아들인 후 잘 정리된 내용을 최종적으로 머릿속에 각인하는 학습의 필수 과정이다. 즉, 과목에 따라 선택적으로 적용해야 할 기술이 아니라 공부의 전 영역에 걸쳐 반드시 필요한 학습 과정인 셈이다.

암기해야 할 것들을 챙겨 외우게 되면 우선 시험 볼 때 시간을 절약할 수 있다. 모든 시험은 정해진 시간 안에 문제를 해결해야 하는 시간과의 싸움이다. 문제 풀이 시간을 단축하기 위해서는 필수적인 공식들을 암기해 두어야 한다. 가령 2차 방정식 근의 공식을 암기하지 않은 채, 모든 문제마다 공식을 유도해서 분제를 푼다면 문제 풀이에 다섯 배도 넘는 시간이 걸릴 것이다.

경우에 따라서는 그냥 꾸역꾸역 외워야 하는 지식도 존재하는데, 그 과정은 모든 학생들에게 굉장히 고통스럽다. 의미를 찾기 어려운 조각난 지식을 머릿속에 억지로 넣는다는 것은 누구에게나 몹시 힘든 일이다. 하지만 그런 고통의 과정도 궁극적으로는 사고력 향상에 도움이 된다. 내용을 기억하기 위하여 우리의 뇌는 배운 내용에 의미를 부여하고, 그것을 나중에라도 출력할 수 있도록 다른 내용과 연결 짓는 능동적 사고 과정을 거치기 때문이다. 또한 하나의 사실을 이해하기 위해서는 그것과 관련된 정보들을 알고 있어야 한다. 가령 자동차가 굴러가는 원리를 이해하고 싶다면 우선 자동차의 구조를 미리 암기하는 것과 같은 이치다.

암기 효과를 높이는
기억의 4단계

암기한 내용을 오래도록 기억하기 위해서는 어떻게 해야 할까? 암기하기에 앞서 우선 내용에 대하여 깊이 있게 생각하는 사고 과정이 필요하다. 사고 과정이 생략된 채 그냥 막무가내로 외우는 단순 암기의 경우 기억이 오래가지 못한다. 시험이 끝나면 바로 사라지거나 어쩌면 시험을 치는 중간에 생각이 안 나 당황하게 될 수도 있다. 어렵게 외운 내용이 쉽게 사라지지 않고 기억에 오래도록 남게 하려면 제대로 된 순서에 따라 암기를 해야 한다.

1단계 ≫ 목차와 단원의 길잡이 확인
효과적인 암기를 위해서는 우선 암기할 내용을 구조화하는 것이 매우 중요하다. 컴퓨터에 비유하자면 암기할 정보를 어디에 넣어야 할지 디렉토리를 먼저 구축하는 것이다. 이러한 구조화가 안 되어 있으면 세부 정보들이 조각조각 흩어져 암기된 내용을 출력할 때 곤란을 겪게 된다. 교재의 목차는 앞으로 다룰 내용의 구조를 가장 효과적으로 보여 준다. 단원의 배치 순서, 소단원의 제목 등을 우선 확인하면 암기해야 할 정보들을 구조화할 수 있다.

가령 국사에서 세도 정치로 인한 백성 수탈과 삼정의 문란을 다룬 후에, 그 결과로 벌어진 농민 봉기의 내용이 이어진다. 과학 역시 현상에 대한 정의를 내리고, 실험을 통한 정의의 입증, 그리고 그 결과가 실생활에 적용되는 과정으로 소단원이 구성되어 있다. 목차를 정확하게 확인하면 공부를 하기 전에 내용에 대한 유추가 가능해지고, 교재 서술에 대한 전후의 관계가 정립되기 때문에 구조화를 통한 효율적인 암기를 할 수 있다.

2단계 >>> 정독하기

다음에는 전체의 내용을 찬찬히 정독하면서 이야기의 흐름을 파악한다. 정독의 과성에서 당장 이해되지 않는 것이 생겨도 일단은 그냥 넘어간다. 뒷부분을 읽다가 알게 되는 경우도 많기 때문이다. 목차만 확인하는 단계에서는 정확하지 않았던 내용이 정독의 과정을 통해 조금 더 세밀하게 이해될 수 있다.

3단계 》》 여러 번 읽기

한 차례 정독이 끝난 후에는 처음으로 돌아가 다시 읽는다. 이번에는 내용을 정리하며 암기를 시작한다. 암기는 망각의 주기를 생각하며 여러 번 반복하는 것이 좋다. 잠들기 전에 한 번 머릿속으로 암기한 내용을 되뇌어 보고, 다음 날 그 과목이 시작하기 전 쉬는 시간에 전날 공부한 내용을 또 한 번 점검해 보자. 그러면 벌써 2회독이 완성된다. 주말에는 한 주 동안 암기한 것을 모아 재복습을 하고, 시험 전에 마지막으로 더 점검하면 기억이 안 나서 문제를 틀릴 확률은 매우 줄어든다.

4단계 》》 스스로 테스트하기

마지막은 스스로 테스트를 해 보는 단계다. 여기서 테스트는 문제집을 통해서만 이루어지는 것이 아니다. 내가 암기한 내용이 정확한지 스스로 점검하는 과정이 반드시 필요하다. 모두 암기했다고 생각했는데 중간에 자꾸 구멍이 발견된다면 암기 방법을 바꿔 가며 시도해야 한다. 대표적 테스트 방법은 백지 테스트이다. 종이에 해당 과목의 소목차만 적은 후, 그 목차에 해당되는 암기 사항을 모두 적어 보는 것이다. 다 채운 종이를 교재의 내용과 비교하면서 빠진 내용을 보강하고, 다시 암기하는 방법이다. 다음으로는 친구에게 설명하는 방법도 있다. 친구와 짝을 지어 번갈아 암기한 내용을 말하다 보면 그 과정을 통해 내용을 다시 한 번 정리할 수 있다.

　마지막으로는 '수정액'을 이용한 방법이다. 암기가 끝난 후 수정액

으로 중요 암기 사항을 다 지워 버리는 것이다. 이렇게 하면 지운 내
용을 다시 채우는 과정을 통해 제대로 암기했는지 점검할 수 있다.

① August 5, 1949 was (one)(of) the hottest (day)(days) in the (recorded) history of Montana, U.S.A.

[해석] 1949년 8월 5일 미국, Montana 주에 기록된 역사상 가장 더운 날 중 하루였다.

② A thunderstorm (had)(swept) across the area and (make/started) a small fire in Mann Gulch.

[해석] 뇌우가 그 지역 전체를 휩쓸었고 Mann Gulch에 작은 화재를 일으켰다.

③ A team of 16 smoke jumpers (were)(sent)(to) fight the fire.

[해석] 열여섯 명의 삼림 소방대원 팀이 그 화재를 진압하기 위해 투입되었다.

④ (Under) the command of Captain Wag Dodge, the group (jumped)(into) a valley (where) some trees ( )( )( )(were)(burning)(on) the opposite side.

[해석] Wag Dodge 대장의 지휘 아래, 그 팀은 몇 그루의 나무가 불타고 있는 골짜기의 반대편으로 뛰어들었다.

⑤ Their mission was (to)(cut)(down) the trees on the hill and make a fire line to stop the fire.

[해석] 그들의 임무는 불을 멈추기 위해 언덕 위의 나무를 베고 방화선을 만드는 것이었다.

⑥ (Until) then, nobody (had)(expected)(that) this small fire would bring a disaster.

[해석] 그때까지, 아무도 이 작은 화재가 재앙을 가져올 것이라고 예상하지 못했다.

스스로 테스트 해 보기 (학생 예시)

여러 가지 효과적인 암기법

1. 스토리 암기 + 두음자 암기 + 이미지화 암기

암기할 내용을 한 편의 이야기처럼 만들어서 암기하는 방법이다.

> **원소 주기율표 외우기**
>
> H – He – Li – Be – B – C – N – O – F – Ne – Na – Mg –
> Al – Si – P – S – Cl – Ar – K – Ca

H-He의 수소-헬륨을 발음하기 좋게 수-헤로 바꾼다. 마찬가지로 Li-Be-B-C-N-O-F-Ne의 부분을 Li(리)-Be(베)-B(비)-C(씨)-NOFNe(높네)로 바꾼다. Na-Mg-Al-Si-P-S-Cl-Ar의 부분은 Na(나)-Mg(만)-Al(알)-Si(지)-P(펩)-S(시)-Cl(콜)-Ar(라)로 바꾸고, 마지막의 K-Ca는 (캬)로 바꾼다. 바꾼 것을 모두 나열해 보면 '수헤-리베비씨높네-나만알지펩시콜라-캬'가 된다. 이제 이것을 문장으로 만들어 머릿속에 장면화해 보자.

'수헤'라는 여자를 짝사랑하는 남자가 있다. 리베는 LOVE의 독일어다. BC는 기원전의 의미로, 리베비씨는 기원전부터 오랫동안 사랑했다는 의미로 생각한다. 이런 사랑은 그 깊이가 NOFNe(높네)이다. 짝사랑은 상대가 알 수 없으므로 (Na-Mg-Al-Si나만알지)가 된다. 짝사랑으로 답답한 마음을 풀어 보기 위해 남자는 P(펩)-S(시)-Cl(콜)-Ar(라)를 마시고, 시원하게 K-Ca(캬) 소리를 낸다.

2. 오감(五感)을 활용하여 암기하기

오감이란 시각, 촉각, 청각, 후각, 미각의 다섯 가지 감각을 의미한다. 기억은 오감을 모두 활용할 때 극대화가 된다. 액션 영화에 등장하는 무술 고수들은 소리만 듣고도 상대방의 움직임을 파악한다. 유명 요리사는 냄새만으로도 음식에 들어간 재료를 모두 알아낸다.

암기도 마찬가지이다. 책을 펴 놓고 눈으로 따라가는 것이 암기의 전부가 아니다. 암기할 내용을 눈으로 읽어 보고(시각), 읽은 내용은 귀로 듣고(청각), 손으로 써 보며(촉각), 머릿속으로 상상하는 과정을 통해 내용이 더 생생하게 기억이 남을 것이다.

3. 도표를 만들어 암기하기

암기 과목은 학년이 올라갈수록 단순하게 암기한 지식을 요구하는 문제에서 탈피하여, 종합적이고 분석적인 이해를 요구하는 문제의 비중이 높아진다. 대부분 유사한 내용과 차이가 나는 내용을 비교·분석해야 하는 문제들이 많은데, 이러한 경우에는 서술된 글을 읽으며 암기하는 것보다 전체 내용을 한눈에 파악할 수 있는 도표를 만들어 보는 것이 효과적이다.

가령 선사 시대의 특징을 외운다고 치자. 시대 흐름은 세로축으로 하고, 세부 범주인 정치, 사회, 경제, 주거, 문화, 예술 등을 가로축으로 하여 시기별 특징을 도표로 만든다면 한눈에 비교하기가 쉬워서 암기가 용이하다. 물론 자습서에도 다양한 표가 존재하지만, 내 손으로 직접 그리며 내용을 채우는 경험이 더욱 중요하다.

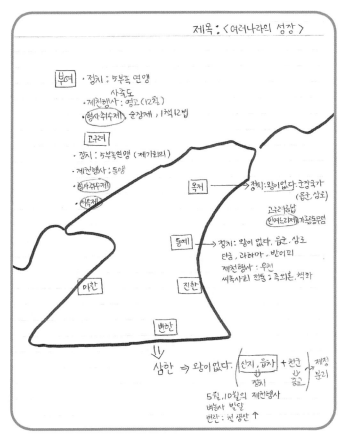

제목 : 〈여러나라의 성장〉

부여 · 정치 : 5부족 연맹
          사출도
       · 제천행사 : 영고 (12월)
       · 형사취수제, 순장제, 1책12법

고구려
  · 정치 : 5부족연맹 (제가회의)
  · 제천행사 : 동맹
  · 형사취수제
  · 서옥제

옥저 → 정치 : 왕이없다. 군장국가
                    (읍군, 삼로)
            고구려공납
            민며느리제, 가족공동무덤

동예 → 정치 : 왕이없다. 읍군, 삼로
      단궁, 과하마, 반어피
      제천행사 : 무천
      씨족사회 전통 ː 족외혼, 책화

마한

진한

변한

삼한 ⇒ 왕이없다. 신지, 읍차 + 천군 → 제정
                      정치   소도   분리
      5월, 10월의 제천행사
      변한사 반달
      변한 : 철 생산↑

도표로 암기하기(학생 예시)

4. 나만의 암기법을 만들어 보기

암기법은 정해져 있지 않다. 사람마다 기억하기 쉬운 방법이 다르고, 알고 있는 지식의 분야도 제각각이다. 나의 개성과 상식을 총동원하여 나에게 맞는 암기 방법을 계속해서 계발해 나가야 한다. 새로운 암기법은 얼마든지 만들어질 수 있다.

지현이 역시 그날의 수업 내용을 복습 노트에 옮겨 적는 것으로 암기 과목 공부를 시작했다. 이번에는 예전처럼 자습서의 내용을 기계적으로 베끼는 것이 아니라, 수업 시간에 선생님이 해 주신 설명을 생각하며 자신만의 언어로 정리해 나갔다. 정리한 내용에서 시험에 나올 법한 문제를 세 가지 정도 뽑아서 따로 더 집중해서 정리했다. 거기에 덧붙여 모르는 모든 어휘는 반드시 뜻을 찾아 적었다.

가령 '자원의 편재성'이라는 내용이 나오면 '편재성'이라는 말이 무슨 뜻인지 이해하고 넘어간 것이다. 그 전까지는 주문을 외우듯 '자원의 편재성, 편재성, 편재성…'이라 되뇌었던 것이 한자어를 생각하며 뜻을 알게 되니 자동으로 내용이 머릿속에 남게 되었다.

이런 과정을 거치는 동안 지현이는 암기 과목이라고 해도 생각보다 암기할 내용이 많지 않다는 것을 깨달았다. 한 단원에서 달달 외워서 해결해야 하는 내용이 생각한 분량의 절반도 되지 않았다. 그동안 지현이가 마구잡이로 외웠던 내용들은 사실 이해하고 넘어가면 될 부분이었던 것이다.

효과적인 암기법

❶ 내용을 서로 연결 지어 암기한다.
　　예) [landury]하는 것에 [넌더리]가 난다. (landury : 빨래)

❷ 이미지를 연상하며 암기한다.

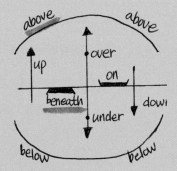

❸ 스토리를 만들어 암기한다.

예) 심성암 : 반려함, 섬록암, 화강암

➡ 심성 고운 반려자는 섬록시 화강읍에 많다.

❹ 앞 글자만 따서 암기한다.

예) mind – enjoy – give up – avoid – finish – escape – stop

m e g a f e s ➡ 메 가 페 스

예) 금속의 이온화 경향

K – Ca – Na – Ma – Al – Zn – Fe –Ni – Sn – Pb – H – Cu – Hg – Pt – Au

➡ 칼카나마알아철니주납수구수은백금

❺ 노래에 맞추어 암기한다.

예) 동요 '산할아버지'에 맞추어서 근의 공식 암기하기

$$x = \frac{-b \pm \sqrt{b^2 - 4ac}}{2a}$$

➡ 이에이분의 / 마이너스비 / 플러스마이너스 / 루트비제곱 / 마이너스 / 사에이씨 / 근의 공식 다 외웠네 ~ ♪

암기 과목을 극복하기 위하여 지현이가 한 가지 더 훈련한 것은 효과적인 반복이었다. 효과적인 반복이란 아무렇게나 반복하는 것이 아니라, 인간의 망각 곡선을 생각하면서 반복에 대한 전략을 세우는 것을 말한다. 즉, 이미 외운 내용의 기억이 떨어질 때쯤 한 번 더 암기를 반복하여 공부한 내용이 장기 기억으로 넘어가도록 하는 것이다.

지현이는 주중에 복습한 내용은 주말이 되면 한 번 더 공부할 수 있도록 계획을 세웠다. 불안할 때마다 빈번하게 외우기를 반복하거나, 관심이 소홀해지면 마냥 방치하던 암기 과목에 대한 공부의 전략을 바로 세운 것이다. 주말에 암기 계획을 세우니, 빠뜨리는 과목이 없는 데다가 주중에는 오히려 주요 과목에 투자할 시간을 넉넉하게 확보할 수 있게 되었다.

공부 방법과 관련해 지현이의 장점은 공부한 내용을 그림처럼 기억하는 것이었다. 수학 문제를 풀 때도 문제에서 요구하는 것을 머릿속으로 떠올리며 해결 과정을 연상해 본 후 문제 풀이를 시작한다고 했다. 영어 역시 독해를 할 때 지문의 내용이 그림으로 떠올라 강렬한 인상으로 남는다는 것이다. 잘하는 과목에 대해서는 이러한 연상 작용이 활발했지만, 자신 없는 과목에서는 이미지가 남지 않아 그냥 글자를 되뇌고 있던 것이다. 지현이는 이제 암기 과목에서도 자신의 장점을 활용해 보기로 하였다.

예를 들어 역사를 공부할 때는 모든 역사적 사실들을 인과 관계로 나열하고 장면들을 그림으로 떠올리는 연습을 했다. 과거 벌어졌던

사건들을 원인과 결과의 고리로 이어 장면을 이어 붙이니 훨씬 오래도록 기억에 남았다. 무작정 외우고 보던 과학은 외우기 전에 이해를 분명하게 하는 것이 중요했다. 연습장에 공부한 범위의 소단원 목차를 적은 후, 공부하고 외운 내용을 백지에 적어 보았다. 처음에는 전혀 백지를 채우지 못했던 지현이는 훈련을 거치며 거의 완벽한 내용을 적어 내는 모습으로 변모하였다. 백지 채우기 훈련이 지현이에게 준 선물은 내용에 대한 이해뿐만은 아니었다. 지현이는 백지 테스트를 통해 점점 자신감을 얻기 시작했고 결국 여름 방학이 끝난 후 2학기 중간고사에서 사회와 과학을 모두 90점대 성적을 받아 그토록 원하던 반 전체 1등을 차지할 수 있었다.

"문제집은 많이 풀수록 좋은 거 아닌가요?"

수학 시간이 끝난 후 짝꿍이 나에게 또 질문을 했다. 이 문제를 풀 수 있겠느냐며 고난이도의 문제를 내민 것이다. 모르는 문제였다. 얄미운 내 짝꿍은 난이도 높은 유형의 문제를 정복할 때마다, 나도 그것을 풀 수 있는지 확인하는 버릇이 있다. 내가 풀지 못하면 기분이 좋은 듯 옅은 미소를 지으며 슬며시 문제를 거두어 간다. 그럴 때마다 무시당한 기분이 들어 너무 화가 난다. 그래서 꼭 그 친구를 이겨 보고 싶어 더욱 열심히 공부한다.

이번 시험에서도 나는 친구가 풀고 있는 문제집은 물론, 그 애에게 없는 문제집을 두 권이나 더 풀었다. 그런데 결국 시험에서는 그 친구가 더 높은 점수를 받았다.

우리 반 1등이 푸는 문제집과 똑같은 책을 사 볼까? 아니면 어느 책에서 본 것처럼 10일 동안 수학 문제집 열 권 풀기에 도전해 볼까? 지난 시험에 문제집을 세 권이나 풀고도 이렇게 망쳤으니, 다음 시험에서는 더 많은 문제집을 풀어야겠다. 그런데 왜 이렇게 마음이 불안할까?

★ ★ ★ ★ ★ ★ ★ ★

10 문제집 푸는 데도 순서와 방법이 있다

한 권이라도 꼼꼼히 보는 것이 중요하다

유진이는 정말 열심히 공부했다. 딴짓도 별로 하지 않고, 책상에 꼼짝 않고 앉아서, 많은 양의 문제집을 빠른 속도로 풀고 있었다. 유진이는 무려 이틀 만에 시험 범위에 해당하는 문제를 모두 풀어 버렸다. 그러나 유진이를 점검해 본 결과 기대와는 다른 모습이 많이 발견되었다. 열심히 푼 흔적이 역력한 문제들을 다시 물어보면 전혀 모르는 것이다. 어떤 단원은 거의 대부분 다 맞았다고 표시되어 있는 문제조차 다시 풀게 하면 전혀 풀지 못하는 경우도 있었다.

실제로 유진이는 모르는 문제가 더 많았다. 하지만 모르는 문제가 나타나면 문제 앞의 설명을 다시 참조하고, 그래도 안 풀리는 문제는 답안지 해석을 보면서 풀어 나갔던 것이다. 개념 설명은 대충 훑어보고 곧장 문제부터 풀기 시작했고, 모르는 문제는 해답지를 보고 결국 답을 적어 넣는 방식이었다. 그동안 유진이는 이런 식으로 문제집을 하나하나 정복했던 것이다. 개념 이해는 부실했고, 필수 공식도 암기되어 있지 않았다. 하지만 유진이는 풀어 본 문제의 개수가 늘어날수록 공부한 기분이 든다고 했다. 모두 다 맞았다고 표시하긴 했지만, 정작 맞았다고 표시한 문제들 중에서 진짜 아는 것과 모르는 것을 구분하기는 불가능했다. 그렇기 때문에 풀어 본 문제와 똑같은 유형의 문제가 시험에 출제되어도 유진이는 그 문제를 풀 수 없었다.

바둑 프로 기사들은 시합이 끝난 뒤 절대 바로 자리를 뜨지 않는다. 왜 그럴까? '복기'를 하기 위해서다. 자신의 수를 하나하나 돌아보고, 전체를 분석하고, 실수를 반성한다. 비슷한 상황이 오면 같은 실수를 반복하지 않기 위한 방법을 찾으려는 것이다. 유진이가 극복해야 할 문제 역시 더 많은 유형의 문제를 푸는 게 아니라 같은 실수를 반복하지 않는 것이었다.

문제집 활용법

효과적 공부를 위한 CHAMP 학습법의 마지막 단계 즉, 내용에 대한 이해, 사고, 정리, 암기의 과정을 거쳐 배운 내용을 문제에 적용해 보는 문제 풀기의 단계가 바로 이 문제집 활용법에 해당한다. 문제집은 내 공부의 달성 수준을 점검하는 도구이다. 따라서 올바른 방법으로 문제집을 활용해야 제대로 된 마무리를 할 수 있다. 무턱대고 남들보다 더 많은 문제집을 푼다고 해서 무조건 좋은 것은 아니다. 문제집을 푸는 데도 절차와 방법이 중요하다. 다음과 같이 문제집 활용의 8대 원칙을 참고하여 자신의 경우를 되짚어 보자.

원칙1 ≫ 문제집은 공부가 모두 끝난 후 푼다

문제집을 푸는 이유는 이미 강조했듯이 공부한 내용을 스스로 잘 아는지, 모르는지 점검하는 데 있다. 따라서 문제집은 학습 내용을 충분히 이해한 후 풀기 시작해야 한다.

원칙2 ≫ 시간을 정해 놓고 푼다

모든 문제집은 모의 시험지라고 생각하면 된다. 어떤 문제가 시험에 나올지 몰라서 문제집의 문제로 시험을 연습하는 것이다. 따라서 문제집을 푸는 것은, 시험을 훈련하기 위한 작은 모의고사다. 문제집을 풀 때도 시험처럼 적정한 시간을 정해 놓고 긴장된 상태에서 시간 내에 풀도록 한다.

원칙3 ≫ 문제를 풀면서 의문이 생기면 문제집에 적는다

문제집을 폈는데 처음 보는 내용이 있으면 어떻게 해야 할까? 낯선 내용과 이해가 안 되는 내용은 문제집의 여백에 의문점을 적고, 문제 풀이가 모두 끝난 후에 의문점을 확인하도록 한다.

원칙 4 ≫ 문제의 난이도를 판단할 수 있는 안목을 기른다

시험에서 꼭 필요한 기술 중 하나는 정해진 시간 안에 모든 문제를 해결할 수 있도록 시간을 안배하는 것이다. 쉬운 문제에서 시간을 아껴 두어야 어려운 문제에 그 시간을 투자할 수 있다. 그러기 위해서는 문제를 보자마자 문제에 필요한 대강의 시간을 가늠할 수 있어야 한다.

원칙 5 ≫ 시험지 여백 지면에 문제를 해결하는 연습을 한다

문제집을 풀 때 연습장을 넉넉하게 사용하는 버릇이 습관으로 굳어지면, 실제 시험에서 문제가 발생할 수 있다. 시험에서는 시험지 여백 정도의 지면만 허용된다. 따라서 평소에 시험지 여백 정도의 종이에 깔끔하게 정리하는 방식으로 습관을 들여 놓으면 실전에서 당황하지 않고 문제를 처리할 수 있다. 연습장을 시험지로 생각하며 글씨는 작고 또박또박하게, 줄은 최대한 맞춰 정확하게 쓰는 연습을 해야 한다.

원칙 6 ≫ 채점은 정직하게 한다

가장 어리석은 행동이 문제집 채점을 하며 점수를 조작하는 것이다. 잠깐 실수로 틀린 문제를 틀렸다고 표시하기 싫은 마음에 결과를 고치는 것이다. 이것만큼 쓸 데 없는 짓이 없다. 문제집은 남에게 보여 주려 푸는 것이 아니며, 실수도 역시 나의 실력이다. 틀린 것은 정확하게 기록한다.

원칙 7 »» 오답을 정리한다

틀린 문제를 다시 보지 않으면 문제집을 푸는 의미가 전혀 없다. 맞은 문제는 원래 알고 있었을 테니 문제집을 통해 새롭게 깨우친 것이 크지 않을 것이다. 문제집은 오답을 찾아내려고 푸는 것이다. 공부를 다 했다고 생각했는데, 문제를 풀기까지 눈치채지 못했던 내 공부의 허점을 문제를 통해 발견하는 것이 문제집을 푸는 목적이다. 어떤 문제들을 틀렸는지, 오답의 원인은 무엇인지, 앞으로 이 문제를 틀리지 않으려면 어떻게 해야 하는지 등 오답을 통해 발견한 정보를 정돈해 두지 않으면 아무리 많은 문제를 풀더라도 틀린 문제를 또 틀리게 된다.

원칙 8 »» 모르는 것이 없을 때까지 반복해서 푼다

문제집의 마지막 문제를 풀고 책을 덮을 때 뿌듯함이 밀려올 것이다. 드디어 한 권의 책을 끝냈다는 후련함도 밀려들 것이고, 그동안 고생한 생각이 나서 다시는 펼쳐 보고 싶지 않을지도 모르겠다. 그러나 문제집은 한 번 풀고 버리는 소모품이 아니다. 문제집을 끝냈다는 것은 그 안에 포함된 모든 문제를 풀 수 있다는 의미가 되어야 한다. 그러기 위해서는 끊임없이 반복해서 풀어야 한다. 모르는 문제가 없을 때까지 풀고 또 풀어 보자.

문제집 완벽히 뽀개기

서울대 학생 3,121명이 고등학교 3학년 1년 동안 풀었던 수학 문제집은 평균 몇 권쯤 될까? 정답은 2.8권이다. 생각보다 굉장히 적은 수다. 이들은 어떻게 겨우 문제집 두세 권만 풀고 서울대에 갈 수 있었을까?

비밀은 다른 데 있었다. 공부를 잘하기 위해서는 세 권의 책을 한 번씩 보는 것보다, 한 권의 책을 세 번씩 보는 것이 훨씬 효과적이라는 사실을 최상위권 학생들은 알고 있었고, 그대로 실천한 것이다. 즉 설렁설렁 열 권의 문제집을 끄적이는 것보다, 제대로 된 방식으로 한 권의 문제집을 끝장내는 것이 학습 효과가 월등히 높다. 자신 있게 문제집을 '끝냈다'고 말하기 위해서는 다음과 같이 제대로 된 방법과 절차로 문제집에 접근해야 한다.

1. 문제집에는 풀이를 직접 적지 않는다

문제집은 한 번 풀고 버리는 물건이 아니다. 따라서 문제집을 여러 번 풀기 위해서는 문제집에 직접 답과 풀이를 쓰면 안 된다. 답과 풀이는 연습장에만 쓴다. 단, 지문이 긴 국어와 영어 독해 문제의 풀이는 문제집에 적되 답만 연습장에 적는다.

2. 문제집에는 다시 풀어야 할 문제를 표시한다

푼 문제에 대한 채점과 오답 정리는 연습장에 하고, 문제집에는 다시 풀어야 할 문제만 표시한다.

그렇다면 다시 풀어야 할 문제는 어떤 문제들일까? 아예 모르는 문제, 알았다고 생각했는데 틀린 문제, 맞긴 했지만 찍어서 맞힌 문제, 맞았지만 매우 어려웠던 문제 등은 다 문제집에 표시해 두어야 한다. 이것들은 모두 완벽히 안다고는 자신하기 어려운 문제들이다. 문제집에 맞은 문제는 O, 틀린 문제는 V, 찍어서 맞힌 문제는 /, 어려웠던 문제는 ?, 모르는 문제는 ☆ 등과 같은 약속된 기호로 표시한다.

3. 표시한 문제를 다시 풀어 보고 채점 및 표시를 한다

문제집에 표시한 문제를 다시 연습장에 풀어 본다. 이번에도 표시해야 할 문제가 발생하면 또 풀어야 할 문제를 문제집에 표시한다.

4. 두 번 표시된 문제를 다시 풀어 본다

신기하게도 한 번 풀고, 오답 정리까지 했음에도 불구하고 또 틀리는 문제가 발생한다. 그러한 문제를 집중해서 가려내야 한다. 사람은 틀린 문제를 자꾸 틀리는 버릇이 있다. 두 번째에서도 틀린 문제는 그 원인을 생각해 봐야 한다. 내가 자꾸 틀린 답을 고르는 이유가 나의 어떤 사고방식에서 비롯된 것인지를 밝혀내고, 다음에도 이 문제를 틀리지 않기 위해서는 어떻게 해야 할 것인지를 반성하는 마음으로 생각하자.

5. 세 번째에서도 틀린 문제가 발견되면 그 문제는 확실히 정리한다

두 번쯤 반복하면 틀린 문제는 첫 번째 풀었을 때보다 현저하게 줄어든다. 그러나 두 번이나 복습했음에도 다시 틀린 문제가 발견된다면 그 문제는 소중하게 간직해야 한다. 그 문제들이 나의 성적을 수직으로 상승하게 만들어 줄 내 공부의 숨어 있는 허점들이기 때문이다. 어디를 보충해야 완벽한 공부가 될 수 있는지 알 수만 있다면 최상위권이 되는 것은 쉬운 싸움이다. 세 번쯤 반복해도 또 틀린 문제가 남았다면, 이제 그 문제들은 나만의 오답노트에 옮겨 적은 뒤 반복적인 노력을 퍼부어야 한다. 자다가도 손쉽게 풀 수 있을 정도로 그 문제들이 익숙해진다면 이전까지 맛보지 못했던 공부의 질적 도약을 경험할 수 있을 것이다. 더 이상 모르는 문제가 한 문제도 없을 때 그 문제집을 '끝냈다'고 할 수 있다. 그때는 새로운 문제집을 시작해도 좋다.

수학 문제집 1권으로 3배의 효과를 내는 3회독 방법

❶ 1회독

- 문제는 노트에 풀이식을 정리하며 푼다.
- 채점은 노트와 책에 하되, 정확하게 맞은 문제는 O, 풀다가 막히거나 모르는 문제는 ☆, 틀린 문제는 ✔ 표시를 한다.
- 해설지와 자신이 풀이한 식을 비교하여 무엇이 틀렸는지 검토한다.
- 해설지를 덮고 다시 한 번 더 풀어 본다.
- 그래도 모르는 문제는 ☆을 하나 더 표시한다.

- 1회독 때 ✿이나 ✔로 표시 된 문제만 다시 노트에 풀이한다.
- 〈1회독〉의 3~5번을 반복한다(이때 채점은 다른 색깔펜으로 하도록 한다).

❸ 3회독

- 시험 2~3일 전에 ✿이나, ✔가 두 번 표시된 문제만 다시 푼다.
- 틀린 문제의 공식을 다시 한 번 더 암기하고, 문제의 유형과 풀이 방법을 다시 공부하도록 한다.

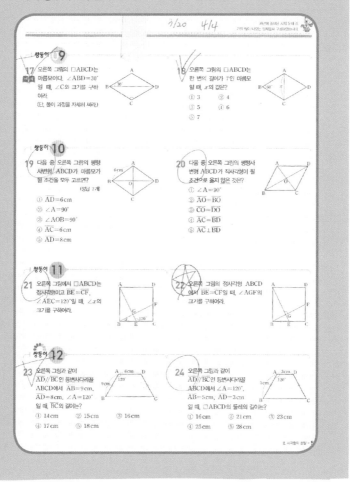

마음이 급해져 문제를 잘못 읽는 경우가 많았던 유진이는 '문제를 읽을 때 중요한 단어와 마지막 물음에 밑줄을 쳐서 읽는다'라는 문구를 적어 책상 앞에 붙여 두었다. 또 수학은 새로 산 다섯 권의 문제집을 과감하게 접어 두고, 이전까지 풀었던 문제집의 오답을 다시 정리하기에 몰입했다. 오답노트를 정리하면서 유진이는 몰랐던 문제들을 하나씩 줄여 나가기 시작했고, 아는 유형이 많아지자 불안감도 조금씩 없앨 수 있었다. 이번 시험을 준비하며 유진이는 지금까지 가장 적은 문제집을 풀었지만, 어떤 시험 때보다 가장 큰 자신감을 느낄 수 있게 되었다.

오답 정리의 원칙

❶ 오답 정리의 목적은 나에게 부족한 부분이 어디인지를 알아내는 것임을 명심한다.

❷ 틀린 문제에 해당하는 개념을 꼭 메모한다.

❸ 내가 왜, 어떻게 잘못 생각해서 틀렸는지 이유를 함께 적는다.

❺ 정답과 해설을 보지 않고 다시 한 번 풀어 본다.

❻ 답만 정리하는 것이 아니라 모든 보기를 꼭 점검한다.

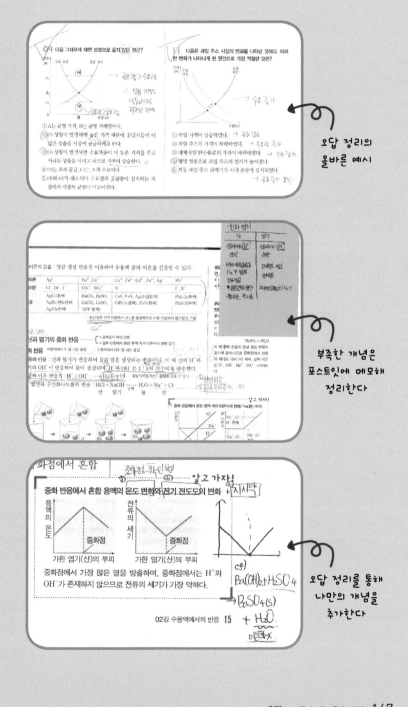

오답 정리의
올바른 예시

부족한 개념은
포스트잇에 메모해
정리한다

오답 정리를 통해
나만의 개념을
추가한다

결정적인 시험의 기술

지금까지는 제대로 된 공부를 하기 위한 방법과 노하우를 살펴보았다. 내실 있는 공부를 하기 위해 시간을 투자하고 많은 고생을 했다면, 결국 그 노력은 좋은 성적으로 귀결되어야 보람이 있다. 현실적으로 학생들의 성취도를 객관적으로 파악할 수 있는 가장 큰 수단은 시험이다. 인생의 모든 것이 결과보다 과정이 더 중요하다지만, 피땀 흘린 과정의 의미가 헛되지 않으려면 결과도 좋아야 한다.

그러므로 공부에 유능한 학생은 마지막으로 시험에도 능한 학생이 되어야 유종의 미를 거둘 수 있다. 시험에 능한 학생이 된다는 것은 공부에 능한 학생이 된다는 것과 조금 성격이 다르다. '시험'은 한정된 시간 안에 주어진 문제의 정답을 골라 적는 특수한 행위이다. 그 압축된 시간 동안 최고의 성과를 올리려면 여러 가지 '기술'이 필요하다.

시험에 기술이 필요한 가장 근본적 이유는 우선 시험에 허락된 시간이 한정되어 있다는 것에서 비롯된다. 얼마나 정확하게, 그리고 빨리 풀 수 있는지에 대하여 생각하면서 문제를 풀어야 한다. 답을 다 알아도 종이 울리고 나면 소용없다. 시험 전체에 대한 시간 조율의 기술이 필요하다.

시험에서 유독 실수가 많은 학생은 실수를 잡기 위한 훈련에 신경을 써야 한다. 많은 학생들은 비슷한 실수들을 반복한다. 문제 잘못 읽기, 마킹 실수하기, 단순 계산 실수하기, 답안지 밀려 쓰기, 답안지

제출 직전에 고쳤다 틀리기 등. 이런 자잘한 실수들을 하지 않기 위해서는 평소 다음과 같은 방법으로 연습해 보는 것이 중요하다.

1. 실제 문제 풀이에 허용된 시간을 계산한다

문제 풀이 시간이란, 학생이 시험지와 답안지를 받고 시험이 시작된후, 문제를 푸는 데만 온전히 쓸 수 있는 시간을 뜻한다. 듣기 평가처럼 내 마음대로 쓸 수 없는 시간을 제외하고, 답안 작성이나 답안지 검토를 위해 필요한 시간도 빼고, 문제를 푸는 데만 허용된 시간이 나온다. 답안지 작성은 평균 10분 정도의 시간을 분배하면 적당하다. 문제 풀이 시간과 그 과목의 문제 개수를 비교해 보면 실제 문제 풀이에 허용된 시간이 어느 정도인지 나올 것이다.

예를 들면 영어 영역의 경우 전체 70분의 시간 동안 50문항을 풀어야 하는데, 듣기 평가 20분, 답안 작성 및 검토에 10분을 분배하고 나면, 대략 50분의 시간 동안 듣기 평가 문제 17문항을 제외한 33문제를 풀어야 한다.

2. 시험 문제를 전체적으로 훑어본다

전체 시험 문제를 훑어보며 문제 유형, 지문의 개수와 길이, 지문에 배정된 문제의 개수, 주관식 문항 등 전체 시험 경향을 3분 이내로 파악한다. 보통은 앞에서부터 차례로 문제를 풀다가 시간이 부족한 듯 느껴지면 초조함에 남은 문제를 뒤적이는 경우가 많은데, 그럴 때는 압박감이 심해져 오히려 머릿속이 하얗게 변할 수도 있다. 그러므로 시험지는 문제를 풀기 전에 훑어보는 것이 필수다.

3. 문제 풀이의 우선순위를 정하고 푼다

아무 생각 없이 1번 문제부터 풀다가, 막히는 문제에서 한참 시간을 쓰고 나니 시험이 전체적으로 다 꼬였던 경험을 해 본 적이 있을 것이다. 문제를 푸는 순서를 정할 때도 원칙이 있다.

쉬운 문제, 지문이 없거나 짧은 문제, 주관식 문제(수학 주관식 앞 문제들은 보통 배점은 높으면서 의외로 간단한 계산을 통해 답이 나오는 경우가 많다), 배점이 높은 문제 순서로 해결한다.

4. 시간 조절을 방해하는 다양한 요소들을 해결한다

먼저 주기적으로 시간을 체크한다. 대략 다섯 문제 정도를 풀고 시간을 점검한다. 이렇게 하면 한 문제에 잡혀 시간을 질질 끄는 것을 막아 전체 시험 시간의 페이스를 조절할 수 있다. 시간을 투자해도 해결되지 않는 문제는 빨리 결단을 내린다. 도저히 정답을 모르겠다면 일단 확실히 답이 아닌 것부터 골라내고 넘어간다. 나중에 다시 생각해 보아도 여전히 진전이 없다면 그때는 과감하게 찍는다. 시간이 20분 정도 남았는데 아직 못 푼 문제가 남아 있다면 일단 푸는 것을 멈추고 지금까지 푼 문제들의 정답을 답안지에 옮긴다. 아무리 늦어도 종료 10분 전에는 답안지 마킹을 시작하고, 남은 시간에 답안지 실수가 없는지 최종 검토한다.

시험 점수 10점 더 올리는 깨알 전략

❶ 죽어도 안 외워지는 것은 시험지를 받자마자 적어 놓는다.

아무리 노력해도 자꾸 헷갈리는 단어나 용어가 있다면, 시험지를 받기 직전까지 입으로 되뇌고 있다가, 시험지를 받는 순간 시험지 여백에 옮겨 적는다.

❷ '맞은 것'과 '틀린 것'을 고르는 문제는 절대로 뒤바꿔 생각하지 않는다.

'틀린 것을 고르시오' 유형은 '틀린'에 밑줄을 긋는다. '맞은 것을 고르시오' 유형은 '맞은'에 동그라미를 친다. 맞은 것, 틀린 것, 옳은 것, 아닌 것 등 문제의 가부 조건은 철저하게 표시하여 기억한다.

❸ 핵심어와 핵심 문장에 표시한다.

문제의 핵심 단어에는 네모를, 요점에는 물결을 친다.

❸ 헷갈리는 [보기]의 번호에 표시를 해 둔다.

처음 읽었을 때 정답이 떠오르지 않는 보기 문항에는 나름대로 약속을 정하여 표시를 해 두었다가 다시 도전할 때 참고한다.

❸ 평소에도 실제 시험과 같은 조건에서 문제를 풀어 본다.

시험이 다가오면 실전 감각을 익히기 위해서 시험의 상황과 똑같은 조건을 설정해 놓고 문제를 풀어 본다. 시험과 동일한 시간 동안 같은 숫자의 문제를 해결하는 연습을 통해, 시간 안에 문제를 해결하는 기술도 늘어나고, 실제 시험에서 보다 안정된 마음을 유지할 수 있다.

4장

★

시험은
또 다른 시작을 위한
준비다

"시험지만 보면
머릿속이 온통 하얘져요"

나는 수업 시간에 늘 집중해서 듣고, 그 누구보다도 열심히 필기를 한다. 숙제는 당연히 밀린 적이 없을뿐더러 집에 오면 매일 새벽 2시까지 꾸준히 예습 복습도 한다. 주요 과목인 수학과 영어는 전문 학원까지 다니며 더욱 집중한다.

하지만 내 성적은 80점대 초반. 중위권 수준이다. 모르는 문제도 없었고 준비도 철저했는데 시험 점수는 언제나 노력에 비해 낮게 나온다. 부모님은 평소 티를 내지는 않으시지만 성적표를 보여 드릴 때마다 실망감을 감추지 못하신다. 부담감 때문일까? 나는 시험 기간만 되면 속이 메스껍고 소화가 잘 안 된다. 시험을 치는 당일에는 시험지를 받고 갑자기 머릿속이 하얗게 변하는 경우도 있다. 이제 중간고사가 한 달도 채 남지 않았는데… 벌써부터 부모님의 실망 가득한 표정이 떠올라 마음이 심란해진다.

시험지로 나의 오답 경향성을 파악하라

시험 결과가
말해 주는 것들

공부 의지가 높고 완벽한 환경이 갖춰졌는데도 미연이의 성적이 낮은 이유는 성실성이 부족해서도, 머리가 나빠서도 아니었다. 미연이의 가장 큰 문제는 시험 불안증이었다.

미연이는 시험에 대한 트라우마가 있었다. 초등학교 때는 줄곧 상위권 성적을 유지했는데, 중학교에 올라와 치른 첫 시험에서 중위권도 아닌 하위권 성적을 받은 것이다. 초등학교 내내 한 번도 받아 본적 없는 점수에 미연이는 몹시 당황했고, 이후로는 시험지만 받으면 그때의 악몽이 자꾸만 떠올랐다. 아무리 집중하려고 해도 가슴이 두근거리고, 머릿속은 하얘지고, 크게 실망한 엄마의 한숨 소리가 환청처럼 귀에서 들리곤 했다.

미연이에게 시험지는 곧 스트레스와 같은 의미였기에, 시험을 보고 나면 바로 시험지를 쓰레기통에 던져 버렸다. 미연이는 사실 시험이 끝난 뒤에 채점을 해 본 적이 한 번도 없다고 했다. 채점을 하지 않았으니 성적표가 나오기 전까지는 자신이 몇 점을 받았는지도 몰랐다. 여기서 미연이의 성적이 낮을 수밖에 없는 결정적인 이유를 찾을 수 있었다. 시험 불안증이 미연이의 첫 번째 문제였다면, 시험에 대한 자기 성찰이 없다는 점이 미연이가 극복해야 할 두 번째 과제였다. 결론적으로 미연이는 그동안 밑 빠진 독에 물 붓는 공부를 해 왔던 셈이다.

시험 결과가 학생들에게 알려 주는 사실은 무엇일까? 바로 학습에 대한 성취도. 시험을 보기 전까지는 배운 내용을 얼마나 잘 이해했는지 정확하게 가늠할 수 없다. 훗날 시험을 치르고 나서야 비로소 이 단원에서 가장 집중해서 공부해야 할 핵심 정보가 무엇이었는지 깨닫게 되는 것이다. 뿐만 아니라 학생들은 시험 문제의 수준을 통해 공부를 얼마나 깊이 있게 해야 원하는 점수를 얻을 수 있는지 감각적으로 체득할 수 있다.

시험이 주는 의미는 이렇게 객관적인 사실에만 그치지 않는다. 모든 학생들은 각자의 방식대로 시험에 응한다. 따라서 동일한 문제를 대하는 학생들의 전략과 태도, 방법 등은 각자 다르다. 그런데 학생들 중에는 매 시험이 끝날 때마다 시험에 대한 노하우를 쌓아 가는 학생들이 있는 반면, 반복되는 시험에도 불구하고 전혀 발전이 없는 학생들도 있다. 과연 이들의 차이는 무엇일까? 그것은 바로 '자기 반성'에서 기인한다.

자기 반성이란 나를 돌아보고 나의 부족한 점을 어떻게 보완해야 할지 잘 아는 것이다. 즉, 학습에 있어서 자기 반성이란 시험 보기 전까지는 몰랐던 나의 학습적 강점과 약점을 파악한 뒤, 장점은 극대화하고 약점은 보완하는 작업을 뜻한다. 시험을 볼수록 성적이 상승하는 학생들은 시험이 끝날 때마다 이러한 과정을 반복하는 습관을 가지고 있다.

그렇다면 효과적인 자기 반성은 어떻게 해야 할까? 먼저 자신이 시험 성적을 받았을 때 반응하는 태도부터 살펴볼 필요가 있다. 다음에 제시된 유형 중에 자신은 몇 번에 해당하는지 점검해 보고, 자신의 태도를 어떻게 고쳐야 할지 생각해 보자.

유형 1 》》 성적에 관심이 없고 이전 학습에 대해서는 금방 잊어버린다

성적에 대하여 관심을 먼저 갖는 것이 필요하다. 나는 어떤 과목을 잘하고 어떤 과목은 부족한지 생각해 보자. 시험에서 잘하는 과목은 어떻게 유지하고, 못하는 과목은 어떻게 보충할지 방법을 찾아보아야 한다.

유형 2 》》 성적이 좋지 않은 것은 시험이 너무 어려웠기 때문이라고 생각하고 대수롭지 않게 넘긴다

시험이 아무리 어려워도 언제나 1등은 있다. 시험의 난이도가 낮은 성적의 원인이라고 생각한다면 반성해야 한다. 원인을 시험 준비에 부족했던 나에게서 찾지 않고 변명만 하면 발전은 불가능하다.

유형 3 ≫ 이번 성적이 좋지 않은 것은 실수 때문이며, 실수는 진짜 내 실력이 아니기 때문에 크게 연연하지 않는다

시험과 관련하여 가장 중요한 진실 중 하나는 '실수도 실력이다'라는 말이다. 몇 개의 안타까운 실수 때문에 점수가 깎인 것이라 위로하고 넘어간다면, 마음은 조금 편할지 모르지만 발전은 없다. 중요한 것은 누군가는 그 실수조차 조심할 정도로 시험에 진지하게 임한다는 사실이다. 그 조심성도 실력이다.

유형 4 ≫ 공부했던 과정과 결과를 생각하며 어디서 잘못된 것인지 분석하기는 하지만, 그 방법이 맞는지 확신이 들지 않는다

일단 도전하는 것이 중요하다. 하지만 자기가 생각한 방법에 대하여 계속 의심이 든다면 주변에 도움을 청하는 것도 한 방법이다. 공부 잘하는 친구나, 선생님 등 나의 공부 멘토를 정해 조언을 구해 보자. 그러나 가장 중요한 것은 분석이 아니라 잘못된 것을 반성하여 올바른 방법으로 꾸준히 실천하는 것이다.

나의 시험지 분석하기

공부를 잘하기 위해서는 일단 어떻게 하면 더 좋은 성적을 받을 수 있는지 현실적인 고민부터 시작해야 한다. 이를 위한 가장 직접적인 방법이 바로 '나의 시험지 분석'이다. 지난 시험지에는 정말 많은 정보가 담겨 있다. 드라마로 치면 다음 회 예고편 같은 것이다. 시험지에는 나의 시험 경향성이 분명하게 나타나 있다. 이를 분석하면 앞으로 어떤 것을 고치고 어떤 것을 보완해야 하는지 명확하게 알 수 있다. 하지만 자신의 지난 시험지를 치밀하게 분석하는 학생들은 생각보다 드물다. 자신의 잘못에 확대경을 비추고 싶지 않은 마음이 너무 강하기 때문이다.

명심하자. 다음 시험 대비에 대한 현실적인 방안은 학교 선생님에게도, 과외 선생님에게도 없다. 그 해답을 알고 있는 유일한 존재는 나의 지난 시험지뿐이다. 시험지 분석이 필요한 이유도 거기에 있다. 앞서 미연이의 경우도 표면적으로는 시험 불안증이 낮은 성적의 원인처럼 보였지만, 궁극적으로는 제대로 된 자기 분석이 없었기 때문에 시험 트라우마에서 벗어나지 못한 것이다.

그렇다면 시험지 분석은 어떻게 해야 할까? 시험지 분석은 정확한 결과 확인에서 시작된다. 애매한 문제에 대한 정답을 옆에 있는 친구들과 맞춰 본 후 다수결로 정답을 추측한다든지, 한두 가지 어려운 문제만 스스로 참고서로 확인한 후 전체 점수를 추측하는 식은 절대 지양해야 한다. 점수는 무조건 선생님이 불러 준 공식적인 정답을 통해 정확하게 채점하도록 한다.

채점을 마쳤다면 아무리 실망스러운 결과가 나왔다 하더라도 나의 실력으로 받아들이고 인정해야 한다. 문제가 잘못되었다고 생각되거나, 선생님이 시험 범위 외에서 문제를 냈다고 화를 내도 다 소용없는 일이다. 아무리 문제가 이상하다고 생각될 때도 100점 맞는 친구들은 항상 존재한다. 즉, 문제가 문제가 아니라 내가 문제인 것이다. 이처럼 자기 반성은 자기에 대한 인정 없이는 결코 이루어지지 않는다.

다음으로는 이번 시험에 대한 나의 준비 과정 전체를 꼼꼼하게 분석해 볼 차례다. 과목별로 자신의 공부 과정을 되돌아보는 것도 잊지 말아야 한다. 아래의 항목들을 참고하여 자신의 시험 계획과 공부 과정을 점검해 보자.

시험 계획 작성과 실천 과정 점검하기

❶ 구체적이고 명확한 목표를 세웠는가?

❷ 지난 시험을 분석하고 그 결론을 이번 시험에 반영했는가?

❸ 이번에 세운 목표가 시험 준비를 위한 나의 열정을 불러일으키는 데 도움을 주었는가?

❹ 시험 결과에 대한 적절한 보상이 사전에 마련되었는가?

❺ 시험 준비 기간 중 학습에 대한 동기부여가 충분히 되었는가?

❻ 시험 계획을 수립했는가?

❼ 시험 계획이 시험 준비를 위해 효과적이었는가?

❽ 시험 공부 방법은 과목별로 적절했는가?

❾ 사전에 수립한 시험 계획의 달성률은 높았는가?

❿ 전체 시험 계획은 내 목표와 수준에 잘 맞았는가?

⓫ 시험 준비를 하며 예상되는 장애물을 사전에 제거했는가?

⓬ 시험 공부에 방해되는 요소(스마트폰, TV 등)를 적절히 통제했는가?

과목별 공부 과정 점검하기

❶ 교과서나 기본서를 통해 개념을 이해했는가?

❷ 학습 내용을 쉽게 외울 수 있도록 정리했는가?

❸ 암기한 후 백지 테스트, 설명하기를 했는가?

❹ 문제 풀이와 오답 정리를 했는가?

❺ 한 과목에 대해 n회독 했는가? (n≥2)

이제는 본격적으로 시험지를 분석한다. 시험지 분석은 다음 시험을 어떻게 대비해야 할지에 대한 전략을 수립하기 위해 반드시 필요한 과정이다. 중간고사나 기말고사 같은 내신이라면 선생님의 출제 경향을 분석해 볼 필요가 있다. 선생님의 출제 성향을 파악하는 연습을 해 두면 다음 시험을 준비할 때 집중해야 할 부분이 어디인지 감각적으로 알 수 있기 때문이다.

그런데 이때 선생님의 성향보다 더 중요하게 파악해야 할 것이 한 가지 있다. 시험을 치른 당사자, 바로 '나'의 오답 경향성이다. 내가 주로 어떤 문제를 틀렸는지 알게 되면, 어디에서 어떤 오류가 발생하는지 보다 자세히 알 수 있다. 또 내가 자주 틀리는 문제 유형은 무엇인지, 문제를 이해하고 맞힌 것인지 찍어서 맞힌 것인지 등 평소 막연히 공부할 때는 보이지 않던 내 공부의 취약점이 정확하게 드러난다. 일반적으로 많은 학생들이 자주 틀리는 원인을 분류하면 다음과 같다.

1. 학습 정보 습득 미흡

수능 최고점자 인터뷰에 단골로 등장하는 대사가 있다. "교과서 위주로 공부했어요." 내신은 대부분 교과서와 학교 부교재에서 출제된다. 기본 자습서와 문제집으로 공부하되, 구체적으로 무엇이 시험 범위인지 정확하게 알고 대비해야 한다.

2. 단순 실수, 시간 배분 실패, 긴장

그야말로 단순한 실수로 틀린 문제들이다. 더해야 할 것을 곱했다거나, 정답을 구해 놓고 답지에 엉뚱한 답을 체크했거나, 맞는 답을 고르라는데 틀린 답을 고르거나 하는 경우들이다. 시간이 부족해서 문제를 못 푼 것도 여기에 해당하는데, 시험이 끝나고 풀어 보면 손쉽게 풀린다. 성적 수준과 관계없이 의외로 많은 학생들이 이런 실수가 잦다. 특히 초등학교에서 중학교에 올라와 처음 시험을 치르는 중학교 1학년 학생들이 많이 한다. 이런 실수들은 긴장도를 낮추는 연습하고 시험을 반복하면서 점차 줄어든다.

3. 개념과 내용에 대한 이해 부족

아예 개념조차 이해되지 않아 틀린 문제들이다. 그 단원에 대하여 공부를 제대로 하지 않은 것이다. 이러한 경우에는 시험지 분석을 통해 전체 시험 범위 중에서 제대로 준비하지 못한 단원이 얼마나 되는지 파악할 수 있다.

4. 암기 부족

전체적 내용은 잘 이해하고 있지만, 꼼꼼하게 외워야 할 것들을 외우지 않은 경우에 해당한다. 공부한 내용 중에서 반드시 암기해야 할 것이 무엇인지 판단할 변별력이 없거나, 아니면 외워야 할 것이 무엇인지는 알고 있지만 그냥 방치했거나 두 가지 원인에 해당하는 학생들이 많다. 대부분 80점대 성적의 학생들이 여기에 속하는데, 노력하면 가장 쉽게 극복할 수 있다.

5. 문제 이해력 부족

기초 문장 이해력이 낮은 경우, 문제가 무엇을 묻는지 몰라서 틀리는 경우다. 문제를 읽을 때 마음속으로 소리 내서 읽거나, 연필로 구절마다 끊어서 읽는 연습을 하면 도움이 된다.

6. 응용력 부족

최상위권 학생들조차 여기에서는 한두 문제씩 틀린다. 응용력을 기르기 위해서는 다양한 유형의 문제를 접하는 것이 도움이 된다. 평소 공부를 할 때 자신의 수준보다 한 단계 높은 문제에 도전해 보자. 시도를 꾸준히 하다 보면 사고력이 향상되어 응용력도 길러진다.

　지금까지 원인과 대책을 파악했다면 이제 다음과 같이 표를 만들어 분석해 본다.

나의 오답 경향성 찾기

출제 경향성

교과서 연습문제에서 많은 문제가 출제되었다.

틀린 이유 되돌아보기

분석			문항 번호																								총합
			1	2	3	4	5	6	7	8	9	10	11	12	13	14	15	16	17	18	19	20	21	22	23	24	25	
정답	실력		✓	✓	✓			✓	✓	✓	✓		✓	✓	✓		✓	✓		✓	✓	✓			✓				16
	우연	오답으로 간주				✓																								1
오답	시험 기술 부족	단순 실수																												0
		답안 작성 오류										✓				✓													2
		시간 부족																									✓	✓	2
	시험 준비 부족	이해 / 사고 부족				✓																							1
		정리 / 암기 부족			✓															✓			✓						3
		문제 착각																											0
		문제 이해 부족																											0
		문제 해결 전략 부족																					✓						1
		기타																											0

오답의 문제 경향성

문장제 문제는 거의 다 틀렸다.
문장제 풀이 연습을 해야겠다.

미연이는 성적이 가장 낮은 수학 과목에서 자신이 단순 계산 실수가 많다는 사실을 알게 되었다. 평소에는 거뜬하게 풀던 기본 유형의 문제도 시험에서는 불안증 때문에 실수로 두 개나 틀렸다. 조금이라도 변형된 문제가 나오면 가슴이 마구 뛰기 시작했고, 그 상태가 되면 마치 한 번도 본 적이 없는 문제처럼 느껴져 답을 찍어 버리는 일이 비일비재했다. 막상 시험이 끝나고 나서 보면 기본 유형을 살짝 응용했을 뿐 충분히 맞히고도 남을 문제들이었다.

다음으로 점수가 낮은 국어는 주로 시간 배분에서 실패했다. 실전에서는 확실하게 아는 문제와 고민이 필요한 문제를 빠르게 판단하여, 아는 문제에 투자할 시간을 고민할 문제에 배분하는 것이 중요하다. 하지만 미연이는 한두 문제가 막히면 머리가 복잡해지면서 모르는 문제에 대한 미련을 버리지 못했다. 이런 식으로 시간 배분에 실패하여 틀린 문제가 10개도 넘었다. 그 밖에도 사회와 과학은 수업 시간에 나눠 준 중요한 프린트물을 자기 마음대로 간과했고, 영어는 암기가 철저하지 못했던 부분에서 당황하는 바람에 70점대 점수를 받은 것이었다. 미연이는 천만다행이라며 안도의 한숨을 쉬었다. 그동안 자신의 머리가 나쁜 것 같아 마음고생으로 힘들었는데 그게 아니었기 때문이다. 점수가 안 나오는 이유를 알고 나니 불안했던 마음이 가라앉는다며 오히려 전보다 더욱 의욕을 불태웠다. 아무리 공부해도 안 될 것이라 생각했던 절망감이 사라지자 미연이는 시험 불안증이 조금씩 사라지고 자신감을 되찾아 갔다.

"한 번 망친 과목은
계속 망쳐요"

이번에도 또다시 수학이 내 발목을 붙잡았다. 고등학생이 된 이후로 나의 수학 점수는 언제나 60점대다. 기껏 다른 과목을 잘 보면 뭐하나? 수학이 60점대라서 평균을 다 깎아먹는데. 나는 여지껏 상위권에 안에 들어 본 적이 한 번도 없다. 이게 다 수학 때문이다.

최근에 이 문제에 대해 부모님과 상의를 한 적이 있다. 내 말을 듣고 부모님은 동네에서 가장 유명한 수학 과외 선생님을 붙여 주셨다. 그런데 한두 번 수업을 듣고 나니 과연 효과가 있을까 하는 의문이 들었다. 과외 선생님과 함께 푸는 문제들은 사실 나 혼자서도 얼마든지 풀 수 있기 때문이다. 이건 아닌 것 같다는 생각이 들어서 과외를 그만두긴 했지만 여전히 별다른 방법은 없다.

이제 점점 지쳐간다. 초반에 한 번 망친 과목은 수능 때까지 계속 망친다던데… 이러다가 정말 수학 때문에 원하는 대학을 못 가는 건 아닐지 걱정된다. 아무리 열심히 해도 성적이 안 나오니까 괜히 다른 과목까지 하기가 싫어진다. 이 지긋지긋한 수학을 어떻게 하면 좋을까?

★ ⟡ ★ ⟡ ★ ⟡ ★ ⟡ ★

최종 승부는
전략에서 갈린다

똑같은 점수를 계속
받는 데는 다 이유가 있다

진욱이는 원하는 대학과 전공을 정해 놨을 정도로 목표가 뚜렷하고 공부 의욕도 높은 학생이었다. 자신의 꿈에 대해 말을 할 때는 두 눈이 반짝 빛나기까지 했다. 그런데 성적 이야기를 꺼내자 진욱이의 표정이 변하더니 조금 전과는 다르게 자신감 없는 모습을 보였다. 특히 약점 과목인 수학 이야기에는 무조건 거부 반응부터 보였다. 아무리 노력해도 성적이 안 나온다며, 수학만 생각하면 공부할 맛이 영 나질 않는다고 했다.

진욱이에게 가장 시급한 것은 부정적인 감정을 없애 주는 일이었다. 막연히 '안 된다'라는 감정적인 판단이 아니라, 왜 수학 성적이 낮은지 그 이유를 분석하여 객관적인 판단을 내릴 수 있도록 도와줘야 했다. 먼저 진욱이의 수학 시험지와 공부 방법부터 분석해 보았다. 그랬더니 의외로 문제점은 아주 간단했다.

진욱이가 틀린 문제들에는 공통점이 있었다. 진욱이는 유독 증명 과정을 묻는 문제에 약했다. 또 한 가지 특징은 진욱이네 학교의 시험 출제 경향이었다. 대부분 교과서보다 선생님이 나눠 준 프린트물에서 응용된 문제들이 많이 출제되었다. 하지만 진욱이는 교과서에 나온 모든 문제를 풀었지만 프린트물은 보지 않았다고 했다. 어차피 교과서에 나온 문제들과 비슷한 수준인데 여러 번 풀 필요가 없다고 생각한 것이다. 그럴 바에야 차라리 교과서에 나온 모든 개념과 문제들을 꼼꼼하게 공부하는 게 더 낫다고 판단하여, 시험 보기 직전까지도 늘 교과서만 죽어라 들여다보았다.

진욱이가 고등학교 내내 항상 똑같은 수학 점수를 받은 이유가 바로 여기에 있었다. 진욱이는 진로에 관해서는 목표가 명확했을지 몰라도 공부에 있어서는 전략이 없었다. 그렇기 때문에 자신의 공부 방법에 무엇이 문제인지, 어떤 전략으로 성적을 올릴 것인지에 대한 설계가 전혀 없던 것이다.

시험 분석을 통해 전략 세우기

시험 분석을 통해 내 공부의 전반적 상태에 대하여 분석했다면, 이제 그 결과를 토대로 공부의 전략을 수정해야 할 차례다. 공부에 전략은 필수다. 무턱대고 손에 잡히는 대로 혹은 그날그날 불안한 과목 순서로 마구잡이 공부를 해서는 공부의 방향을 잡기 어렵다. 공부 전략은 내 공부가 어떤 목적을 향해 진행될 것인지, 공부의 설계도가 있어야 수립할 수 있다.

공부의 목적은 단순히 시험에서 몇 점을 맞고 싶다는, 숫자에 대한 욕심만은 아니다. 등수나 점수는 최종 결과물이고, 그것을 얻기 위해 구체적으로 무엇을 실천해야 할지에 대한 세부적 목표를 의미한다. 가령 문학 지문에 대한 감수성 훈련을 통해 문제의 감각을 키우겠다든지, 수학의 단원별 개념을 어떤 방식으로 확실하게 정리하겠다든지 하는 등이 그것이다.

목표를 달성하기 위하여 우리는 다양한 실천 전략을 세우고 행동한다. 전략 재수립이란, 실천해 본 전략의 잘된 점과 아쉬운 점을 분석해서 더 나은 방향으로 전략을 수정하는 것을 의미한다. 전략을 지속적으로 바꿔 나가기 위해서는 기존에 실천했던 전략들이 효과가 좋았는지, 나빴는지 주기적으로 판단할 수 있어야 한다. 주로 학생들은 시험 분석을 통해 자신이 실천할 전략을 평가한다.

전략을 수정하기 위해서는 우선 앞서 정한 전략을 충분히 실천해 봐야 한다. 온갖 공부법이 난무하는 환경 속에서 학생들은 여기저기서 주워 들은 공부법을 비판적 사고 없이 따라하는 경우가 많다. 이렇게 팔랑귀처럼 이 방법, 저 방법 끄적이다가 끝난다면 무엇 하나 제대로된 결과물을 얻을 수가 없다. 따라서 나에게 맞는 방법이 무엇인지 심사숙고하여 전략을 세우고, 적어도 한 달 이상은 실천해 보고 평가를 해야 한다.

나에게 맞는 공부 전략을 세웠다면 본격적으로 그 방법이 나에게 적합한지 점검하며 공부해야 한다. 수립된 전략은 주기적으로 평가하며 수정과 보완의 작업을 거쳐야 하는데, 시험을 본 직후야말로 전략을 평가하기 가장 좋은 시기다.

1단계 ≫ 지난 시험 점수와 전략을 적어 본다

각 과목별로 그 과목의 점수를 얻기 위해 노력했던 실천 과제들을 정리하여 적어 본다.

과목	점수	지난 시험 전략
국어	85	학원 프린트물 외우기
수학	70	교과서 문제 풀기, 유형 문제집 풀기
과학	100	실험 따로 정리하기
사회	84	교과서 두 번 읽기
한문	79	교과서 외우기
미술	100	시험 하루 전날 암기하기
도덕	100	교과서 두 번 읽기

2단계 ≫ 성공한 과목과 실패한 과목의 전략을 구분한다

성공한 과목의 전략은 유지해야 할 좋은 전략이다. 반면 실패한 과목의 전략은 수정과 보완이 필요한 전략이다. 시험 결과를 토대로 어떤 것을 수정해야 할지 구분한다.

과목	점수	새로운 전략
국어	85	교과서 필기 정리하기
수학	70	증명 따로 정리하기, 교과서와 프린트물 풀기
과학	100	실험 따로 정리하기
사회	84	교과서 세 번 이상 읽고 문제집 풀기
한문	79	3일마다 반복해서 외우기
미술	100	시험 하루 전날 암기하기
도덕	100	교과서 두 번 읽기

3단계 ≫ 새로운 전략을 구상한다

지난 시험 전략에서 잘못된 것은 없는지, 더 추가하거나 보강해야 할 것은 없는지 반성하고 새로운 전략을 구상해 본다.

과목	점수	지난 시험 전략	새로운 전략
국어	85	학원 프린트물 외우기	교과서 필기 정리하기
수학	70	교과서 문제 풀기, 유형 문제집 풀기	증명 따로 정리하기, 교과서와 프린트물 풀기
과학	100	실험 따로 정리하기	
사회	84	교과서 두 번 읽기	교과서 읽은 후 기출 문제 풀어 보기
한문	79	교과서 외우기	3일마다 반복해서 외우기
미술	100	시험 하루 전날 암기하기	
도덕	100	교과서 두 번 읽기	

4단계 ≫ 새로운 전략을 나의 학습 계획에 반영한다

전략은 반성하고 수정하는 것보다 다시 세운 바대로 열심히 실천하는 것이 더 중요하다. 계획표에 내가 세운 전략이 정확하게 반영되어 있어야 실제로 실행될 것이다. 바뀐 전략에 대한 평가는 다음 시험 분석을 통해 유효성이 증명될 것이다. 이런 과정을 반복하다 보면 내 공부의 강점은 더욱 강화되고, 단점은 지속적으로 보완되어 마침내 공부 전 영역에 유능한 학생으로 발전이 가능할 것이다.

진로만큼이나 공부에도 전략이 필요하다는 걸 깨달은 진욱이는 모든 과목의 지난 시험지를 분석했다. 그리고 지난 시험 때 받은 과목별 점수를 바탕으로 성공한 과목과 실패한 과목을 구분한 뒤, 다음 시험에 대한 전략을 다시 세웠다. 무엇보다 중요한 건 마음가짐의 변화였다. 자신도 모르게 지쳐 가고 있던 진욱이는 부정적인 감정을 떨쳐 내고 새로운 전략으로 다가오는 기말고사를 준비하기 시작했다.

부록

실전 워크시트
모음집

WORKSHEET

나만의 학습 환경 만들기

내 공부 방해 요소	해결 전략 세우기

나만의 학습 환경을 만들기 위한 약속 3가지

★ 내 공부 훼방꾼 BEST 3 :

약속 1

약속 2

약속 3

WORKSHEET

최적 학습을 위한 아지트 찾기

최적의 장소 찾아보기			
좋다 – 보통 – 별로 – 전혀 3점　2점　1점　0점	공부 장소(주로 공부하는 장소를 적어 보세요)		
	집	도서관	독서실
스마트폰, 컴퓨터, TV와 같은 공부를 방해하는 물건들이 거의 없다.	1	2	3
내가 공부할 때 다른 사람들이 방해하는 일이 거의 없다.	1	2	3
매우 조용하며 전화 소리, 음악, 말소리가 거의 들리지 않는다.	1	2	3
쉴 때와 공부할 때를 마음대로 조정할 수 있다.	1	2	3
이번 주에도 여기서 규칙적으로 공부했다.	1	2	3
이곳에서 공부할 때, 다른 사람들과 거의 이야기하지 않는다.	1	2	3
이곳의 실내 온도는 공부하기에 적절하다.	1	2	3
이곳의 의자는 공부하는 데 편안하다.	1	2	3
이곳의 조명은 공부하기에 적당하다.	1	2	3
이곳에는 공부나 학교 숙제와 관련 없는 물건들이 거의 없다.	1	2	3
합계			

가장 높은 점수를 받은 곳과 그곳의 장점
★ 장소 :　　　　★ 장점 :

가장 공부하기 좋은 곳의 단점과 개선 방법
★ 단점 : ★ 개선 방법 :

나는 [   ] 공부할 때, 공부가 잘된다.

혼자, 여럿이
말을 하면서, 글로 쓰면서
아침에, 밤에, 새벽에, 낮에
정해진 시간표로, 융통성 있는 시간표로
한 과목만, 여러 과목을 바꿔 가며
정적이 흐르는 곳에서, 약간의 소음이 있는 곳에서

개성 살리기 전략	

WORKSHEET

강약 공략하기

강점 과목/ 약점 과목 찾기

강점 과목 찾기

내가 가장 좋아하는 과목은 무엇입니까?

내가 가장 잘하는 과목은 무엇입니까?

약점 과목 찾기

내가 가장 싫어하는 과목은 무엇입니까?

내가 가장 못하는 과목은 무엇입니까?

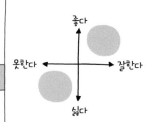

좋다

못한다 ←→ 잘한다

싫다

강점 과목/ 약점 과목 전략 세우기		
	과목	해결 전략
강점 강화하기		
약점 개선하기		

WORKSHEET

틀린 이유 분석하기

		나의 문제점	해결 전략 세우기
시험 기술 부족	단순 실수		
	답안 작성 오류		
	시간 부족		
시험 준비 부족	이해 / 사고		
	정리 / 암기		
	문제 해결		

시험지 분석하기

분석할 시험 [학기, 고사, 과목]																													
분석			문항 번호																								총합
			1	2	3	4	5	6	7	8	9	10	11	12	13	14	15	16	17	18	19	20	21	22	23	24	25	
정답	실력																											
	우연	오답으로 간주																										
오답	시험 기술 부족	단순 실수																										
		답안 작성 오류																										
		시간 부족																										
	시험 준비 부족	이해 / 사고 부족																										
		정리 / 암기 부족																										
		문제 착각																										
		문제 이해 부족																										
		문제 해결 전략 부족																										
		기타																										

가장 많은 빈도의 오답 원인부터 나열해 보고, 각각의 해결 전략 세우기		
번호	오답 원인	해결 전략
1		
2		
3		
4		
5		

WORKSHEET

암기한 공식 적용하기

수학 문제			필요한 공식 적어보기
교재		pg	

공식에 적용하기 위한 단서찾기	
단서1	
단서2	
단서3	

풀이	답

WORKSHEET

암기한 공식 적용하기

수학 문제		필요한 공식 적어보기
교재	pg	

공식에 적용하기 위한 단서찾기	
단서1	
단서2	
단서3	

풀이	답

WORKSHEET

실험 과정 이해하기

교재/page		단원 명	

이 실험은 어느 것에 해당되나요? (✔표시)

1. 실험 순서가 중요한 실험	☐
2. 실험 방법이 중요한 실험	☐
3. 원인과 결과가 중요한 실험	☐
4. 그래프가 중요한 실험	☐

준비물, 용도 파악

준비물	용도

WORKSHEET

실험 결과 분석하기

각 실험 단계를 거쳐야 하는 이유	
단계	구체적인 이유
1	
2	
3	
4	
5	

앞에서 학습한 어느 개념과 관련된 실험인가요?
개념을 정리해 보세요.

WORKSHEET

역질문 만들어 보기

자료 설명	분석할 자료를 붙이거나 손으로 직접 그려 보기	역질문과 정답 작성하기
자료 제목		역질문 샘플
자료에 담긴 중요 정보 1		역질문 1 정답
		역질문 2 정답
자료에 담긴 중요 정보 2		역질문 3 정답
자료에 담긴 중요 정보 3		역질문 4 정답
기타 참고 사항		역질문 5 정답

WORKSHEET

나의 오답 경향성 찾기

출제 경향성

틀린 이유 점검하기																												
분석			문항 번호																								총합
			1	2	3	4	5	6	7	8	9	10	11	12	13	14	15	16	17	18	19	20	21	22	23	24	25	
정답	실력																												
	우연	오답으로 간주																											
오답	시험 기술 부족	단순 실수																											
		답안 작성 오류																											
		시간 부족																											
	시험 준비 부족	이해 / 사고 부족																											
		정리 / 암기 부족																											
		문제 착각																											
		문제 이해 부족																											
		문제 해결 전략 부족																											
		기타																											

오답의 문제 경향성

과목	점수	지난 시험 전략	새로운 전략

내 안의 1등 잠재력을 이끌어 낼
12가지 공부 법칙

나도 솔직히
1등이 하고 싶다 2

초판 1쇄 발행 2016년 6월 27일
초판 4쇄 발행 2023년 8월 31일

지은이 김송은, 에듀플렉스 교육개발연구소 외
펴낸이 김선식

경영총괄 김은영
콘텐츠사업2본부장 박현미
콘텐츠사업7팀장 김민정 **콘텐츠사업7팀** 김단비, 권예경, 이한결
편집관리팀 조세현, 백설희 **저작권팀** 한승빈, 이슬, 윤제희
마케팅본부장 권장규 **마케팅1팀** 최혜령, 오서영
미디어홍보본부장 정명찬 **영상디자인파트** 송현석, 박장미, 김은지, 이소영
브랜드관리팀 안지혜, 오수미, 문윤정, 이예주 **지식교양팀** 이수인, 염아라, 김혜원, 석찬미, 백지은
크리에이티브팀 임유나, 박지수, 변승주, 김화정, 장세진 **뉴미디어팀** 김민정, 이지은, 홍수경, 서가을
재무관리팀 하미선, 윤이경, 김재경, 이보람
인사총무팀 강미숙, 김혜진, 지석배, 박예찬, 황종원
제작관리팀 이소현, 최완규, 이지우, 김소영, 김진경, 양지환
물류관리팀 김형기, 김선진, 한유현, 전태환, 전태연, 양문현, 최창우

펴낸곳 다산북스 2005년 12월 23일 제313-2005-00277호
주소 경기도 파주시 회동길 490 다산북스 파주사옥
전화 02-704-1724 **팩스** 02-703-2219 **이메일** dasanbooks@dasanbooks.com
홈페이지 www.dasanbooks.com **블로그** blog.naver.com/dasan_books
용지 북토리 **인쇄** 북토리 **코팅·후가공** 북토리

ISBN 979-11-306-0870-9(44370)
    979-11-306-0867-9(세트)

다산북스(DASANBOOKS)는 독자 여러분의 책에 관한 아이디어와 원고 투고를 기쁜 마음으로 기다리고 있습니다.
책 출간을 원하는 아이디어가 있으신 분은 이메일 dasanbooks@dasanbooks.com 또는 다산북스 홈페이지 '투고
원고'란으로 간단한 개요와 취지, 연락처 등을 보내 주세요. 머뭇거리지 말고 문을 두드리세요.